A. FERRET 1978

LE MINISTÈRE PUBLIC

ET

LE BARREAU

LEURS DROITS ET LEURS RAPPORTS

AVEC UNE INTRODUCTION

DE

M. BERRYER

Forum et jus

PARIS

JACQUES LECOFFRE, LIBRAIRE-ÉDITEUR

RUE DU VIEUX-COLOMBIER, 29

LE MINISTÈRE PUBLIC

ET

LE BARREAU

F

PARIS — IMP. SIMON RAÇON ET COMP. — RUE D'ERFURTH.

LE MINISTÈRE PUBLIC

ET

LE BARREAU

LEURS DROITS ET LEURS RAPPORTS

AVEC UNE INTRODUCTION

DE

M. BERRYER

Forum et jus.

PARIS

JACQUES LECOFFRE, LIBRAIRE-ÉDITEUR

29, RUE DU VIEUX-COLOMBIER

—

1860

A M. JACQUES LECOFFRE

LIBRAIRE-ÉDITEUR

Monsieur,

Vous avez désiré savoir ce qu'il me semble d'un écrit intitulé : *Le ministère public et le barreau*, que vous vous proposez de publier. Je l'ai lu avec une grande attention.

Voici bientôt cinquante années que je suis demeuré dans l'exercice de la profession d'avocat, avec la résolution de n'accepter aucune fonction qui m'eût fait cesser d'être inscrit sur le tableau

a

ainsi, au gré de leur conscience, momentané-
ment avocats du roi ou de la couronne, ne per-
daient rien de l'esprit de leur ordre et mainte-
naient son indépendance. Quand plus tard ces
fonctions furent constituées en offices, les plus
illustres de nos magistrats tinrent à honneur
d'avoir *passé par le barreau*, et plus le mérite de
ces grands hommes fut éminent, plus ils respec-
tèrent nos traditions et nos franchises. Tant que
les avocats auront en mémoire ce que les *de
Mesmes*, les *du Vair*, les *Pasquier*, les *Talon*, les
Séguier, les *d'Aguesseau*, ont dit et écrit sur les
prérogatives et la noblesse de leur profession, ils
connaîtront, par l'étendue de leurs droits, toute
la grandeur de leurs devoirs.

S'il se manifeste aujourd'hui une affligeante
altération des sentiments dont les gens du roi
étaient autrefois pénétrés à l'égard de l'ordre des
avocats, il la faut attribuer aux nouvelles conditions d'existence, d'avancement et de discipline
de la magistrature. Nous sommes, disait Étienne
Pasquier, *dans le royaume des conséquences;* celles

qu'ont entraînées les changements survenus dans l'organisation judiciaire, et particulièrement dans l'organisation des parquets, ont été signalées, il y a déjà longtemps, par M. Béranger, devenu l'un des présidents de la cour de cassation[1]. « Sous l'ancienne monarchie, le minis-« tère public était exercé par des magistrats qui, « excepté les procureurs généraux dans la plupart « des provinces, possédaient leurs charges en titre « d'office ; leur inamovibilité était par cela même « consacrée, et par suite leur indépendance...

« Les avocats généraux avaient seuls le droit de « parler à l'audience ; quoiqu'ils reconnussent le « procureur général pour leur chef, la supériorité « de celui-ci à leur égard n'était que d'honneur. « Ils ne prenaient pas ses avis ; ils n'étaient pas « tenus de le consulter ; ils présentaient leurs ré-« quisitions sans sa participation ; ils étaient en-« tièrement indépendants de lui, en sorte que « *leur conduite et leurs opinions dans les actes de*

[1] *De la justice criminelle en France*, p. 258.

« *leur ministère n'étaient soumises à aucune in-*
« *fluence.*

« Par les lois impériales, ajoute le même écri-
« vain[1], le ministère public fut, comme tout le
« reste, constitué selon les vues du pouvoir ab-
« solu... La loi du 20 avril 1810 posa le principe,
« le décret impérial du 6 juillet suivant le déve-
« loppa largement.

« Les avocats généraux et les procureurs impé-
« riaux près les tribunaux de première instance
« furent créés substituts du procureur général ;
« tous furent soumis à sa direction obligée pour
« la poursuite des délits et pour leurs conclusions
« à l'audience. Ce magistrat eut l'inconcevable
« privilége de ne tenir aucun compte des délibé-
« rations de son parquet, et, seul de son avis, d'y
« faire triompher sa volonté[2]. »

Nous avons vu, il est vrai, à certaines époques,
des procureurs généraux dépouiller cette autorité absolue sur les consciences, et d'honorables

[1] *De la justice criminelle en France*, p. 262 et 263.
[2] Décret du 6 juillet, art 49.

membres du parquet garder leur libre arbitre plus que ne le voulait la loi.

L'ordre des avocats, à travers les révolutions, n'a subi que temporairement l'altération des conditions de son existence, de sa discipline et de ses règles intérieures. Le barreau a maintenu ses droits et conservé ses antiques usages.

Il serait pénible de penser que cette indépendance peut devenir importune à des fonctionnaires révocables et légalement subordonnés. Plus pénible encore serait la crainte de voir, dans les tentatives présentes, un retour vers le régime du premier Empire. M. Toullier regrettait alors le temps où la *magistrature était l'âme et la protection de l'ordre des avocats, qui, de leur côté, l'avaient portée au plus haut degré de confiance et de respect dans l'esprit des peuples.* « Que ces temps sont « changés! disait-il, l'usurpateur de la toute- « puissance et de toutes nos libertés voulut dé- « truire la noble indépendance de l'avocat. »

Quelles ne furent pas en effet les colères du despote contre les franchises du barreau! M. le

procureur général Dupin nous en a transmis un
monument curieux dans la copie d'une lettre au-
tographe de l'empereur Napoléon, où l'exagération
des paroles est plus ridicule qu'odieuse. « Les avo-
« cats sont des factieux, des artisans de crimes et
« de trahisons... Je veux qu'on puisse couper la
« langue à un avocat qui s'en sert contre le gou-
« vernement. »

A cette heure, des esprits plus contenus ou plus
habiles ne révéleront point leurs antipathies par
des emportements aussi effrontés. Il est des droits
que l'humanité réclame, des principes devenus
des axiomes pour la raison publique, des garanties que l'opinion universelle a consacrées au
nom de la justice, et que nul désormais n'oserait
méconnaître et violer ouvertement. Aux jours de
nos solennités judiciaires, dans le langage étudié
des discours d'apparat, nous entendrons encore
parler magnifiquement *de la libre défense des accusés*, et de la noble profession *des défenseurs de la
veuve et de l'orphelin*. C'est là, en effet, un beau
texte de harangues, où, sous l'éclat des formes

oratoires, se développent de généreuses théories. Pourquoi ne reçoivent-elles pas de sanction quand il s'agit de les mettre en pratique? On sait alors apporter, avec un art funeste, tant de restrictions aux principes hautement proclamés, on impose de si méticuleuses réserves aux libres et vives allures des débats judiciaires, que du retentissement de la doctrine il ne reste qu'une parole caressante qui veut faire accepter le frein et les entraves.

L'indépendance du barreau ne serait qu'un vain mot et prendrait bientôt place à côté de ces qualifications du nobiliaire que l'on octroie ou que l'on consacre majestueusement dans les États où la noblesse n'est plus qu'un souvenir, n'a nulle autorité personnelle, nulle prérogative, nulle action qui lui soit propre, nulle part spéciale dans la vie publique. Il n'en saurait être ainsi de la profession d'avocat. Il importe que notre indépendance soit réelle et entière. Ce n'est point un privilége concédé à l'orgueil ou au profit de quelques citoyens, c'est un droit revendiqué pour tous, comme la plus sérieuse peut-être des garanties de sécurité et de justice dans la société civile.

A ce point de vue de l'intérêt général, on ne peut pas méconnaître le droit et les nécessités d'une entière et réciproque liberté de discussion entre les avocats et les organes du ministère public. L'intérêt général de la société se partage, dans les débats judiciaires, surtout devant les tribunaux de répression, où l'on dispose de la vie des hommes ou de leurs biens les plus chers, l'honneur et la liberté. S'il importe que, dans l'autorité des lois, la vigilance des magistrats préserve la société des méfaits qui menacent son repos, et qu'un juste châtiment atteigne les auteurs de crimes et délits qui ont porté dans son sein la désolation, le trouble ou la ruine; il n'importe pas moins à la sécurité de tous que les accusations injustes soient repoussées, qu'un homme ne soit pas réputé coupable par cela seulement qu'il est accusé, qu'il soit énergiquement protégé contre les erreurs, les passions, l'ignorance et les faiblesses de ses juges, magistrats ou jurés. Qui ne s'étonnerait d'entendre un organe du ministère public poursuivre timidement, sans indignation, sans un ardent besoin de la vindicte publique, l'auteur d'un grand crime, d'un attentat funeste, d'une lâche trahison, d'une calomnie insigne? La conviction de l'innocence ou de la culpabilité, l'évidence de l'iniquité ou du bon droit, la manifestation de la vérité ou du mensonge, ne doivent-elles point passionner également les cœurs? ne réclament-elles pas une même autorité de la parole, une même énergie de langage? Quand la lice est ouverte entre un accusateur et un défenseur, les armes doivent être égales des deux parts.

Au temps barbare des combats judiciaires, « quand un gentilhomme appelait un vilain, il « devait se présenter à pied et avec l'écu et le bâton; « et, s'il venait à cheval et avec les armes d'un « gentilhomme, on lui ôtait son cheval et ses « armes; il restait en chemise et était obligé de « combattre en cet état contre le vilain[1]. » Ces

[1] Montesquieu, liv. XXVIII, ch. xxiv.

pratiques impartiales d'une sauvage égalité dans la lutte, alors que l'innocence se manifestait par la victoire, signalent dans ces âges grossiers un fond de droiture, un instinct de justice, un besoin de vérité, que nous ne retrouvons pas dans la phraséologie des écrivains modernes, qui prétendent investir l'un des champions de l'arène judiciaire de plus d'autorité, lui attribuer plus de liberté, imposer aux juges du débat plus de déférence pour ses convictions et sa parole, qu'il n'en serait accordé à son contradicteur.

Le respect dû à la magistrature est le prétexte ordinaire de ces dangereux priviléges. Mais la mission que l'avocat reçoit du libre choix de ses concitoyens, acceptée par sa conscience et régentée par elle seule, est aussi un ministère public. Entre celui qui accuse et celui qui justifie les droits sont égaux et, je le sens, la dignité est égale. Protéger un accusé contre les erreurs ou les entraînements de ses juges, déchirer les fausses apparences dont la vérité est trop souvent voilée, confondre les calomnies privées, dompter les haines et les violences de l'esprit de parti, déjouer les rancunes ou les iniques prétentions du pouvoir, maintenir le bon droit envers et contre tous, n'est-ce pas exercer dans l'État une haute magistrature?

Il est triste d'ailleurs d'entendre sans cesse réclamer le respect pour tout ce qui devrait en être l'objet dans ce monde. Le respect, le respect sincère, n'entre point dans les cœurs par injonction, il est naturellement et librement imposé par le caractère et la conduite de ceux à qui il est dû. M. Royer-Collard, disant que la perte du respect est la cause des malheurs de notre siècle, accusait bien plus ceux qui ne l'obtiennent pas que ceux qui le refusent.

Ainsi qu'Omer Talon adressait à Louis XIV ces belles paroles : « Il importe à la gloire du Roi que « nous soyons des hommes libres ; la grandeur de « son État et la dignité de sa couronne se mesurent « par la qualité de ceux qui lui obéissent ; » on peut dire aux magistrats que leur autorité et la gravité de leur ministère se mesurent par l'indépendance de ceux qui portent la parole devant eux.

Ne s'agit-il que des convenances du langage,
il n'est point d'avocat qui, se respectant lui-même,
ne sache les garder, et n'observe dans les discussions
avec le ministère public les formes d'urbanité que
nos règles lui prescrivent envers ses propres confrères. Je pourrais d'ailleurs rappeler à ce propos
ce que Guillaume du Vair écrivait en son temps :
« La dignité et qualité de ceux qui escoutent, régit
« et gouverne la langue de l'orateur, luy apprend
« cette décence qui est la plus grande et plus dif-
« ficile partie de l'oraison[1]. »

Mais cette courtoisie, cette décence du langage,
ne doivent point énerver le corps du discours, en
trahir la pensée, en éteindre la chaleur. J'aime à
citer nos anciens, c'est le luxe des esprits de mon
âge, et je répéterai avec Omer Talon[2] : « Il ne faut
« pas comprimer les saillies et les emportements
« de ceux qui parlent en public et réussissent
« quelquefois au delà de leur préparation et de
« leur pensée... surprises vertueuses... grandeur

[1] *De l'éloquence française.*
[2] *Éloge de M. Bignon.*

« de courage avec laquelle les hommes généreux
« s'opposent à l'iniquité et s'exposent dans l'em-
« brasure de la muraille rompue pour résister au
« torrent de la malice. »

Oui, les vives reparties, les apostrophes véhé-
mentes, les arguments pressants et *ad hominem*, le
sarcasme, l'invective même, voilà le souffle vivi-
fiant de l'éloquence judiciaire quand il en faut
déployer les maîtresses voiles[1]. Que dis-je? Ces saillies de la conviction sont d'improvisés témoignages d'une conscience honnête, c'est le cri du
dévouement et du zèle que l'avocat doit à la cause
qu'il a promis de bien défendre. Tant de gens se
persuadent que l'on est sans réponse contre une
objection doctrinale ou personnelle qui n'est pas
réfutée avec une éclatante énergie !

La vérité ne va pas d'elle-même aux intelligences; Dieu n'a pas donné à tous les juges l'œil
qui voit, l'oreille qui entend, *oculum videntem et
aurem audientem*. Que d'efforts sont le plus sou-

[1] Charron, *De la sagesse*.

vent nécessaires pour forcer l'entendement de
s'ouvrir à la parole ! Il faut porter la vérité en
avant et briser les obstacles qu'elle rencontre. *Vœ*
via vi. Ces obstacles sont sans nombre. Bossuet,
qui n'a rien ignoré des faiblesses des hommes et
des institutions humaines, porte ses yeux attentifs
sur les magistrats réunis en leur tribunal : « L'un,
« dit-il, toujours précipité, vous trouble l'esprit ;
« l'autre, avec un visage inquiet et des regards
« incertains, vous ferme le cœur ; celui-là se pré-
« sente à vous par coutume ou par bienséance et
« il laisse vaguer ses pensées sans que vos discours
« arrêtent son esprit distrait ; celui-ci, plus cruel
« encore, a les oreilles bouchées par ses préven-
« tions, et, incapable de donner entrée aux rai-
« sons des autres, il n'écoute que ce qu'il a dans
« son cœur..... Ne parlons pas des corruptions
« qu'on a honte d'avoir à se reprocher, parlons de
« la lâcheté ou de la licence d'une justice arbi-
« traire qui, sans règle et sans maxime, se tourne
« au gré de l'ami puissant [1]... » C'est de tout

[1] Oraison funèbre de Le Tellier

temps que l'orateur du barreau a rencontré et
qu'il lui a fallu dompter ces résistances de l'esprit
et du cœur ; et, lorsque le débat entre l'accusateur
et le défenseur est engagé devant des jurés, pour
qui il est si facile et si naturel de croire leur conscience en repos s'ils obéissent à la voix de M. l'a-
vocat général, qui oserait prescrire au défenseur
de méticuleuses déférences envers son antago-
niste, lui imposer une sorte de subordination de
sa propre dignité et de l'autorité de ses convictions ? Que deviendrait la justice ? Que deviendrait le droit sacré de la libre défense ?

Que serait-ce s'il nous advenait de ces jours de
« justice imparfaite, semblable, dit encore Bos-
« suet, à la justice de Pilate ; justice qui fait sem-
« blant d'être vigoureuse à cause qu'elle résiste
« aux tentations médiocres et peut-être aux cla-
« meurs d'un peuple irrité, mais qui tombe et
« disparaît tout à coup, lorsqu'on allègue, sans
« ordre même et mal à propos, le nom de César ?
« Que dis-je, le nom de César ? ces âmes prostituées
« ne se mettent pas à si haut prix : tout ce qui

« parle, tout ce qui approche, ou les gagne,
« ou les intimide ; et la justice se retire d'avec
« elles. »

Alors et surtout lorsque la succession des révolutions dans l'État a laissé au fond des cœurs l'a-
mertume des regrets et des déceptions, que tout
suscite les défiances, les alarmes, les rancunes
d'un pouvoir nouveau, alors, comme le disait
M. Dupin en 1829, « c'est au sein de notre ordre
« que doit se trouver le type de ce courage civil
« qui, dans les grandes épreuves de la vie sociale,
« rend l'homme capable des plus généreux efforts
« et des sacrifices les plus rigoureux, pour obéir
« à sa conscience et rester fidèle à ses convic-
« tions. »

A la fin du dernier siècle et durant les soixante
années de celui-ci, les avocats français ont montré, par de mâles et généreuses actions, que,
même dans les plus mauvais jours, le dévouement
des hommes du barreau ne saurait faillir à la défense de la vie, de la liberté, de l'honneur de leurs
concitoyens. La publique estime n'a point laissé

sans gloire les noms de ces braves défenseurs, et l'avenir leur comptera des successeurs nombreux.

Naguère, il est vrai, nous avons entendu un orateur malheureusement trop peu fidèle à ces belles traditions, comme à ses propres exemples, demander qu'on cessât d'invoquer de tels souvenirs et dire que l'état présent de nos institutions politiques doit éteindre les ardeurs de zèle et les *amertumes* de langage dont d'autres époques ont été coutumières.

Ce serait trop obéir aux aspirations du pouvoir suprême que de se prévaloir ainsi de la ruine des libertés si chèrement acquises, afin d'amener l'asservissement de la seule qui nous reste.

Quand la tribune est muette ou que sa voix ne retentit que par échos incomplets ;

Quand la censure de la presse, mal déguisée, s'exerce par des avertissements officieux ;

Quand les journaux sont rédigés sous la crainte d'être suspendus ou supprimés sans jugement ;

Quand l'exercice du droit de pétition est mis

sous la protection du Sénat, comme au temps du premier Empire la liberté individuelle et la liberté de la presse furent confiées à des commissions sénatoriales ;

Quand il n'existe aucune responsabilité ministérielle et qu'ainsi la critique des actes du pouvoir risque d'être facilement travestie en outrage ou en attaque contre le chef de l'État, de qui tout émane et vers qui tout remonte ;

Quand les faveurs de l'avancement peuvent corrompre le principe de l'inamovibilité de la magistrature ;

Quand, dans l'impatience du succès des réquisitoires, on accuse la modération ou l'indulgence des juges d'*énerver la répression* et d'accomplir une *œuvre de destruction morale* ;

L'indépendance du barreau est encore pour chaque citoyen un rempart contre les colères et les atteintes du pouvoir, contre la violation des droits, contre les persécutions injustes. Tout est à craindre si elle est mutilée ; rien n'est désespéré si elle se maintient et se fait respecter.

Là triompheront, je l'espère, les persévérants efforts de la droite raison, de l'esprit de justice, de l'honnèteté publique. Là du moins, nous dit d'Aguesseau, retentira *le dernier cri de la liberté mourante.*

Pour moi, bientôt vaincu par l'âge, il s'en va temps que je me retire de ces nobles combats, et que, disant comme Entelle : *Artem cestusque repono,* je dépose mon chaperon sur des épaules valides, aptes à soutenir le poids des labeurs et les fatigues de la lutte. Je dirai à mes jeunes confrères : Demeurez fidèles aux grandes traditions et aux prérogatives de notre ordre ; au milieu de la division et du désordre des esprits, restez inébranlablement attachés au culte de la vérité, de la justice, de la liberté, de l'honneur ; mettez au service de vos clients une volonté ferme et toute la vigueur de votre esprit ; fermez vos généreux cœurs aux suggestions de l'intérêt personnel, *le plus décrié, mais le plus inévitable des trompeurs ;* luttez vaillamment contre les pouvoirs arbitraires ; déjouez par la sincérité et les clartés de votre conscience les artifices de leurs lois ; que vos droites intelligences ne se laissent point abattre ou décourager par les longs succès de l'imposture. Qu'importe que, pour ces nobles œuvres, la vie se consume en efforts impuissants, si l'on garde jusqu'à la dernière heure le plus précieux de tous les trésors, la juste satisfaction de soi-même ?

Recueillez et méditez les paroles qu'avant l'avénement de Henri IV le premier président du parlement de Provence [1] adressait aux jeunes hommes de son temps, dans le livre *De la constance et consolation ès calamitez publiques* : « J'ai flotté au « monde en de grandes et dangereuses tourmen- « tes ; elles ont agité mon âme, mais elles ne l'ont « pu, graces à Dieu, renverser....., ny rien ra- « battre de l'affection qu'un bon citoyen doit à « son pays. Ma conscience me rend ce tesmoi- « gnage...... Je voudrois bien à mon dernier « souspir faire encore quelque service au public : « mais n'en ayant aucun autre moyen, je me re-

[1] Guillaumy du Vair.

« tourneray vers vous, qui estes de mes meilleurs
« amis et des siens, et pour le dernier office que
« je puis rendre à une si sainte amitié, je vous
« conjureray, que puisque vous demeurez icy pour
« clorre la fin d'un misérable siècle, vous affermis-
« siez vos esprits par belles et constantes resolu-
« tions..... Fichez-vous au droit et à la raison, et
« si la vague a à vous emporter, qu'elle vous acca-
« ble le timon à la main..... Vous sçaurez bien
« toutefois tempérer par prudence ce qu'une obs-
« tinée austérité ne feroit qu'aigrir et empirer,
« et suivre le destin sans abandonner la vertu. »

Je suis, monsieur, etc.

BERRYER.

Augerville-la-Rivière, 15 octobre 1860.

LE

MINISTÈRE PUBLIC

ET

LE BARREAU

CHAPITRE PREMIER.

OBJET DE L'OUVRAGE.

Liberté de la défense.

Le maintien du bon ordre dans l'État est étroitement lié à la poursuite et à la répression des méfaits prévus et punis par les lois pénales. La société doit se défendre contre les attaques incessantes dont elle est l'objet. Dans l'exercice de ce droit, elle ne peut, toutefois, sans violer les lois divines et sans s'exposer à de sérieux dangers, dépasser la mesure de la justice.

Confiée à des agents sujets à l'erreur, la justice

1

humaine a besoin d'être mise par la loi à l'abri
des surprises de tout genre. Plus le législateur
a l'amour du droit, plus la liberté individuelle
lui est chère, plus il se plaît à entourer l'administration de la justice de ces précautions qui,
sans entraver le châtiment du crime, assurent
le triomphe de l'équité.

La liberté de la défense est certainement la première et la plus importante de ces garanties. Porter atteinte à ce principe tutélaire, c'est frapper
la société en elle-même, et dans chacun de ses
membres, car tous peuvent, à un moment donné,
recourir à lui pour protéger, contre de redoutables
attaques, leur fortune, leur liberté, leur honneur, leur vie peut-être.

L'intérêt social, comme l'intérêt individuel,
exige donc que tout fait qui met en question les
immunités de la défense soit dénoncé avec vigilance, et que les conséquences en soient signalées.

Chargé par la nature même de son institution
de la défense des accusés, le barreau doit veiller
avec un zèle aussi persistant que jaloux au
maintien d'une liberté dont les traditions les
plus antiques, les usages les mieux constatés, les
lois les plus positives lui ont confié la garde.

Le devoir de tous ses membres est de s'appliquer, sans relâche, à laisser intact à leurs successeurs le dépôt sacré qu'ils ont reçu de leurs
devanciers. Aucune considération n'est assez puissante pour les relever de cette obligation qu'ils
se sont imposée par un serment solennel et libre.

La liberté de la défense, comme toutes les autres libertés, a sans doute ses limites; elle ne peut
dépasser les exigences du débat judiciaire sans
dégénérer en licence et devenir une cause de
désordre que la loi ne saurait tolérer, et qu'elle ré-
prime avec raison. Quelles sont donc ces limites?
Le législateur n'a pas cru pouvoir les déterminer
d'une manière absolue. Les nécessités de la défense varient tellement dans chaque cause, qu'il
était impossible de tracer à l'avance des règles
certaines. Les décisions des tribunaux, la polé-
mique qu'elles ont soulevée, mettent néanmoins
le publiciste et le jurisconsulte à même de reconnaître, avec quelque certitude, les principes
généraux de cette matière. Nous ne croyons pas
devoir les examiner ici l'un après l'autre, car
nous n'avons pas l'intention d'écrire un traité
sur la liberté de la défense. Nous nous proposons
seulement d'appeler l'attention de nos lecteurs

sur une question dont un débat récent a révélé
l'intérêt; nous voulons essayer de déterminer les
rapports du ministère public et du barreau à
l'audience des tribunaux de répression [1].

Notre législation criminelle appelle, chaque
jour, le barreau et le ministère public à se mesurer dans des luttes vives et passionnées : l'organe du ministère public est un magistrat; à ce
titre il a droit au respect de tous. L'avocat, qui
prend la parole pour détruire l'effet que le réquisitoire a pu produire sur l'esprit des juges, est-il
tenu, à raison de la qualité de son adversaire, de le
traiter avec une réserve toute particulière ; a-t-il,
au contraire, à son endroit, la même liberté qu'à
l'égard de tout autre contradicteur? Grave question qui semble mettre aux prises la dignité de la

---

[1] Par son arrêt du 17 février 1860, la chambre des appels de police correctionnelle de la Cour impériale de Paris a décidé qu'il
était judiciairement établi « que parlant d'un appel fait, par le mi-
« nistère public dans son réquisitoire, aux passions les plus irri-
« tantes, Mᵉ Ollivier avait ajouté que cela était mauvais, » que
cette expression contenait un reproche adressé à l'organe du ministère public, et que Mᵉ Ollivier s'était écarté par là du respect dû
à la magistrature. La Cour, en conséquence, a confirmé la condamnation disciplinaire prononcée contre lui par les premiers juges.
Aujourd'hui cette décision a acquis la force de chose jugée, mais la
discussion des principes de droit sur lesquels elle se fonde de-
meure aussi légale qu'opportune.

magistrature avec la loyauté du débat judiciaire.

Une étude consciencieuse nous a démontré que l'accusation et la défense ont reçu de la loi la même liberté et les mêmes armes. Sans cette réciprocité, plus d'égalité dans la lutte, et par conséquent plus de garanties contre les erreurs du juge.

L'égalité la plus absolue dans la discussion entre les parties, quelles qu'elles soient, telle est la condition essentielle de la loyauté des débats criminels.

Nos lecteurs, nous en avons l'espérance, ne conserveront aucun doute sur cette solution après avoir examiné avec nous :

1° Les principes qui ont présidé à l'institution et aux développements successifs du barreau et du ministère public de France, et les rapports qui, sous notre ancienne organisation judiciaire, comme sous la nouvelle, ont constamment existé entre les magistrats et les avocats;

2° Les conséquences des principes de la législation pénale actuellement en vigueur;

3° L'opinion des jurisconsultes modernes et les précédents aussi graves que nombreux, qui peuvent être invoqués depuis le commencement du dix-neuvième siècle.

CHAPITRE II.

—

SECTION I.

Origines du barreau et du ministère public en France. — Rapports entre les magistrats et les avocats avant la révolution de 1789.

La magistrature et le barreau ont les mêmes origines. Pendant longtemps les juges et les avocats ne se distinguent que par la différence de leurs rôles dans l'administration de la justice. Les titres, les priviléges, les honneurs et le costume sont les mêmes, et d'Aguesseau a pu dire avec autant de raison que de magnificence de langage, que « l'ordre des avocats est aussi ancien que la magistrature, aussi nécessaire que la justice. »

Les rois de France tenaient le barreau en haute estime. Ils jugeaient, à l'exemple de Justinien, ses services aussi nécessaires à l'État que ceux de l'armée. Les sages ordonnances qui consacrèrent, il y a plusieurs siècles, la plupart des règles de la profession d'avocat, sont un monument impérissable de la sollicitude de nos rois.

Ces règlements se proposent un but unique, assurer l'indépendance de l'avocat comme la condition essentielle de l'accomplissement de ses devoirs.

Il ne faudrait pas toutefois se faire une fausse idée de cette indépendance; elle est, comme l'a dit si justement M. Henrion de Pansey dans l'éloge de Dumoulin, celle qui convient à un homme « sans esclaves et sans maîtres, trop fier pour avoir des protecteurs, trop obscur pour avoir des protégés; » elle ne place pas celui qui la possède au-dessus des lois, elle lui donne le moyen d'en réclamer l'exécution [1].

L'avocat ne doit pas seulement avoir le sentiment de son indépendance, il doit aussi le plus grand respect à la loi de son pays et au magistrat chargé de l'appliquer. L'heureuse conciliation de ces deux principes a donné au barreau français cette forte discipline qui en fait une institution unique en Europe.

La France peut aussi revendiquer le ministère public comme une institution éminemment nationale; quelques mots sur ses origines et sur ses

---

[1] Voir l'Appendice, n° 1. *Discours de d'Aguesseau sur l'indépendance de l'avocat.*

services trouvent ici leur place. Quelle idée plus
noble et plus chrétienne que celle d'ôter la poursuite de crimes à la vengeance particulière,
d'inquiéter les méchants par la terreur des lois,
sans livrer les honnêtes gens à la lâche avidité
des délateurs, d'assurer enfin la punition des
crimes en rendant la dénonciation même honorable?

Le ministère public n'apparaît point dans notre
ancienne législation avec l'organisation savante
que nous lui voyons aujourd'hui. Le roi choisit
dans l'ordre des avocats ceux que la science, l'a-
mour du travail, la plus austère probité, la réputation la mieux établie signalent à son attention,
et les charge des affaires contentieuses de son domaine, sous le titre de *procureurs* ou d'*avocats
du roi,* par opposition aux autres avocats qui
sont alors désignés sous le nom d'*avocats généraux,* parce qu'ils ne défendent que les intérêts
des particuliers[1]. Les attributions des procureurs

---

[1] Regnaud d'Acy, qui fut égorgé par la populace pendant la cap-
tivité du roi Jean, est désigné dans des lettres du régent comme
avocat général, et de Monsieur (le roi) *et de nous.* Loysel fait observer que le titre d'*avocat général du commun* précède les deux
autres qualités. « Ce n'est pas, dit-il, un petit honneur pour l'ordre
des avocats. »

ou avocats, que l'on appelle d'un seul nom les *gens du roi*, ne sont pas cependant les mêmes. Le procureur du roi s'occupe surtout d'administration, il libelle les conclusions qu'il doit prendre pour le roi, qu'une sage fiction écarte des débats judiciaires; l'avocat du roi porte la parole à l'audience.

Les attributions du ministère public s'étendent peu à peu. Le droit de poursuivre les méfaits se concentre entre ses mains, il surveille les intérêts des incapables, assure l'exécution des lois et des décisions judiciaires, statue sur certaines questions de procédure, devient enfin l'intermédiaire naturel entre la justice et l'administration. Pendant longtemps encore les gens du roi, et surtout les avocats, continuèrent de vouer au service des intérêts privés le temps que les affaires du prince n'absorbaient pas. Au seizième siècle les avocats du roi prirent le titre d'*avocats généraux*, que cessèrent de porter les autres membres du barreau. Les ordonnances leur confèrent des charges qui en font de véritables magistrats, et leur interdisent de se charger des affaires privées.

L'origine de cette magistrature ne fut pas sans influence sur ses destinées. Ceux qui exerçaient

cun prend qui il lui plaît; serais-je de pire condition que les moindres? — Sire, répondit de Mesmes, c'est l'avocat de la couronne, non sujet à
vos passions, mais à son devoir. »

Henri IV, après son avénement au trône de
France, voulut constituer un apanage au profit de
sa sœur. Il déclara dans des lettres patentes adressées à la petite fraction fidèle du parlement de
Paris, qui siégeait à Tours, que ses seigneuries
et ses biens ne seraient point réunis au domaine
de la couronne. Le procureur général de la
Guesle, en présentant les lettres de jussion qui
ordonnaient la vérification des lettres du roi, ex-
posa toutefois combien les dispositions en étaient
contraires aux lois de la monarchie. « Par le
« saint et politique mariage entre nos rois et la
« couronne, les seigneuries qui leur apparte-
« naient postérieurement sont censées, par le
« même moyen, appartenir au royaume; le do-
« maine public attire le domaine particulier, en
« sorte qu'il se fait un mélange indissoluble du
« tout en tout. » Le procureur général commençait
son réquisitoire par ces mots : « Comme les com-
« mandements du roi nous sont très-vénérables,
« aussi nous y obéissons en ce qui est de notre

« personne par la présentation de ses lettres :
« mais en ce qui est de notre charge, nous tenons
« qu'il n'est pas tant de notre devoir de considé-
« rer tout ce qu'il veut pour l'heure, que ce que
« pour toujours il voudra avoir voulu. L'honnête
« liberté et la foy soumise à une obéissance ser-
« vile feraient en cet endroit, à lui-même le pre-
« mier, un très-notable préjudice. »

Il terminait par les conclusions suivantes :

« Ainsi tenans plustôt qu'appelans le roy pour
« Père de la patrie, qui nous conserve, nous dé-
« fend et maintient; nous estimons le bien de sa
« maison être le bien universel de toute la France,
« si que les advantages que Madame sa sœur rece-
« vra de luy, tourneront là entièrement, pourveu
« qu'esloignés de conséquence dangereuse, autant
« à elle qu'au reste du royaume ; de cette sorte
« entrant en l'ouverture qui la peut plus assurer
« que cette malencontreuse désunion, il n'y a
« rien qui nous doive faire douter de conclure,
« et hausser notre voix en prononçant ces paroles:
« *J'empesche, pour le roi, l'entérinement des lettres du*
« *13 avril 1590, et lettres de jussion subséquentes* [1].»

[1] Le parlement de Tours refusa, par arrêt du 29 juillet 1591, de procéder à la vérification des lettres patentes. L'édit de juillet 1607

Ainsi, ceux-là mêmes qui étaient les plus dévoués à la royauté défendaient contre leurs princes
les droits de la couronne, ils revendiquaient avec
une constante énergie l'indépendance de leur
ministère, et suppliaient le roi, suivant la belle
parole de Guillaume du Vair, de leur permettre
de défendre son autorité « avec peine, haine
« et envie [1]. »

Omer Talon exprimait les mêmes sentiments
dans son quinzième discours. « Il importe, disait-
« il, à la gloire du roi, que nous soyons des hom-
« mes libres et non pas des esclaves; la grandeur
« de son État et la dignité de sa couronne se me-
« surent par la qualité de ceux qui lui obéissent [2]. »

Sous de telles inspirations le ministère public
ne se borna pas à donner à l'administration judiciaire une régularité et des garanties jusqu'a-
lors inconnues; il aida la royauté de toutes ses

finit par donner gain de cause aux maximes du parlement et des
gens du roi; la déclaration qui précède cet édit se fonde précisément sur les moyens invoqués par le procureur général de la
Guesle. On ne peut lire sans intérêt ce préambule dans lequel
le meilleur de nos rois se proclame «touché de l'affection qu'il doit à
« son royaume auquel il est totalement dédié. »

[1] *OEuvres de Guillaume du Vair*, in-fol., p. 887 Remontrances
au roy contre M. l'archevêque d'Aix.

[2] *OEuvres d'Omer Talon*, publiées par J. B. Rives.

forces dans le pénible travail de la constitution de l'unité nationale. La France, quelle que soit la forme de gouvernement que l'avenir lui réserve, confondra toujours dans le même sentiment de reconnaissance les rois qui l'ont faite si puissante, et les magistrats qui ont mis à son service un dévouement inébranlable.

Les avocats généraux pratiquaient les maximes du barreau, ils ne négligeaient aucune occasion de témoigner les sentiments d'un respect presque filial pour ses règles. Pendant longtemps ils considérèrent comme un de leur plus beaux priviléges leur inscription en tête du tableau des avocats. Omer Talon n'avait cru pouvoir mieux se préparer aux fonctions du ministère public qu'en passant dix-huit années au barreau. Denis Talon disait, le 27 janvier 1687, devant la grand'chambre, « que le plus grand avantage des « charges que les avocats généraux ont l'honneur « d'occuper, c'est celui d'être le premier de « l'ordre des avocats, d'être à la tête d'un corps « si illustre duquel ils estiment à honneur de « faire partie; d'où il conclut qu'ils étaient « obligés d'en maintenir les avantages. »

D'Aguesseau parlait avec la même admiration

des prérogatives du barreau. Quel magnifique tableau ne nous en a-t-il pas laissé ! M. Dupin, après
avoir cité ses nobles paroles, ajoute avec raison :

« Ainsi parlait d'Aguesseau à cette glorieuse
« époque où la magistrature, loin d'être envieuse
« et comme ennemie de l'indépendance des avo-
« cats, la proclamait la plus éminente préroga-
« tive de leur ordre. Quel avocat, pénétré de ces
« éloquentes vérités, pourrait n'être pas rempli
« d'amour pour son état! Cet amour est indispen-
« sable pour bien faire sa profession, il doit aller
« jusqu'à la passion, jusqu'à l'idolâtrie [1].»

Le ministère public formait le lien qui unissait
étroitement le barreau à la magistrature. Les parlements avaient la plus grande considération pour
leurs avocats. On ne voyait point siéger sur les fleurs
de lis ces hommes qui ne reviennent jamais de l'é-
tonnement que leur a causé une élévation souvent
imméritée, et qui croient rehausser leur fonction
en marquant une distance entre eux et ceux qui
ne partagent pas les mêmes honneurs. Les magistrats courtisans ou infidèles à leur devoir voyaient

---

[1] Voir à l'Appendice, n° 2. *La profession d'avocat et les fonctions publiques.*

seuls avec déplaisir la liberté du barreau. C'est ce qu'écrivait, avec une haute autorité, le vertueux Malesherbes :

« Regardez quels sont ceux qui se plaignent si
« fort de la trop grande liberté des avocats, et nous
« verrons que ce sont presque toujours les gens
« puissants, ces gens qui font mettre à Bicêtre le
« malheureux qui a manqué au respect qui leur
« est dû, pendant qu'eux-mêmes manquent tous
« les jours à la justice qu'ils doivent aux malheu-
« reux. Ce sont eux qui voudraient faire restrein-
« dre la liberté des avocats, et c'est précisément
« pour défendre la faiblesse contre la puissance
« que la liberté des avocats doit être soutenue par
« tous les bons citoyens comme le dernier rem-
« part de la liberté nationale. Et voici, sur ce
« sujet, deux propositions que je regarde comme
« fondamentales et incontestables : 1° dans un
« siècle où tout le monde lit, et dans un pays
« où il y a un corps de lois protectrices pour
« diriger les juges, tout tribunal deviendra bientôt
« équitable et éclairé, si les défenseurs des parties
« jouissent d'une liberté pleine et entière; 2° dans
« un pays où il y a des particuliers aussi puissants
« qu'en France, tout tribunal deviendra à la lon-

« gue lâche, vénal, corrompu, si la liberté des
« défenseurs du public est détruite [1]. »

Le barreau devait ces égards et ces marques
d'estime à son profond respect pour la loi et pour
la magistrature, et surtout à l'inébranlable fer-
meté avec laquelle il veillait au maintien de l'honneur professionnel. Maître absolu de son tableau,
il n'en refusa jamais l'accès à la disgrâce; le tableau semblait être déjà, comme on l'a si bien dit
de nos jours, « un champ d'asile, un lieu de li-
« berté, où viennent, à la suite des révolutions,
« se réfugier une foule de blessés de tous les par-
« tis [2]. » Mais l'ordre écartait avec une rigueur
inexorable tous ceux dont la considération était
entachée, alors même qu'ils avaient occupé la première place dans les conseils du souverain : c'est
ainsi que Poyet, dégradé de la dignité de chancelier, ne put rentrer dans l'ordre, parce que les
avocats jugèrent que ce vil courtisan avait désho-
noré la robe [3]. Tel fut aussi, plus tard, le sort de
l'avocat général la Bédoyère.

---

[1] Mémoire de Malesherbes, alors premier président de la Cour
des aides (1774), en faveur des avocats.

[2] Philippe Dupin. Discours à la séance d'ouverture de la conférence des avocats (22 novembre 1834).

[3] « Lisez la vie de l'Hôpital, lisez aussi celle des Duprat et des

Le barreau défendait ses priviléges avec l'énergie qui caractérisait alors toutes les corporations. Il y avait une solidarité étroite entre les barreaux des treize parlements. Quand l'honneur de la profession était attaqué dans un ressort, les avocats des autres ressorts faisaient cause commune avec ceux qui soutenaient les droits de l'ordre. Nous ne croyons pas devoir faire ici la nomenclature de toutes les distinctions de costume, d'insignes et d'étiquette qui avaient un très-grand prix dans une organisation sociale qui a cessé d'exister[1].

Poyet... et comparez les simarres. » Tel est l'excellent conseil que M. Dupin adresse aux jeunes avocats (*Profession d'avocat*). Ils auront le plus grand profit à se livrer à ce travail comparatif, il est plein d'enseignements moraux. Voir à l'Appendice, n° 3. *La Magistrature et la Politique.*

[1] Nous nous étonnons que les chapitres consacrés par Boucher d'Argis dans son *Histoire abrégée de l'ordre des avocats*, à l'exposé de ces priviléges, n'aient suggéré à son savant commentateur, M. Dupin, que l'épigramme suivante :

« Quel misérable état social, s'écrie-t-il, que celui où l'on était « obligé de célébrer toutes ces petitesses comme de graves priviléges.»

L'état social où la liberté ne pourrait même pas invoquer ces garanties ne serait-il pas plus misérable encore? C'est ce que paraissait penser, dans un opuscule publié en 1822, un avocat de Rouen qui devait s'élever aux plus hautes dignités de l'Empire.

« La dictature impériale, écrivait alors M. Daviel, qui put dis-« soudre jusqu'à l'association de la commune, acheva de réduire la « société en un peuple d'administrés sous la main de fonctionnaires « dans la dépendance du gouvernement. Il n'y eut plus en France « que le pouvoir, ramenant tout à lui par une monstrueuse cen-« tralisation, et les individus dénués de toutes ces garanties, de

L'ordre des avocats, en ne négligeant aucune de ses prérogatives, avait en vue de sauvegarder l'indépendance si nécessaire pour l'honneur de la profession. « N'oser aborder corps à corps un puis-« sant personnage par crainte de son ressentiment, « c'était flétrir l'ordre entier et l'attaquer dans sa « gloire. » Si quelque magistrat oubliait parfois les égards qui étaient dus aux avocats, l'ordre ré-clamait immédiatement une juste satisfaction. La noble réparation accordée par le premier pré-sident Christophe de Thou aux avocats qu'il avait offensés dans la personne de Dumoulin, honore également la magistrature et le barreau. Le chef du parlement de Paris ne fut pas blessé de la rude franchise avec laquelle le délégué des avocats l'a-postropha [1].

« Messieurs mes anciens confrères, répondit-il, « bien loin de condamner votre démarche, je « l'approuve et vous prie de vous trouver demain « à l'audience avec M. Dumoulin; vous ne vous « retirerez pas mécontents [2]. »

« tous ces centres de résistance que l'ancien régime avait si souvent « opposés, avec avantage au despotisme ministériel. »

[1] « *Objurgasti hominem doctiorem te, et doctiorem quam un-quam eris.*

[2] M. le procureur général Chaix d'Est-Ange a été fort bien in

Le lendemain, en effet, après l'appel des causes, le premier président adressa des excuses
publiques à Dumoulin et à ses confrères.

Les écrits de l'époque font voir comment le
barreau savait maintenir ses franchises contre les
empiétements des magistrats. A ceux qui en-
travaient la liberté de la défense, on rappelait,
par des répliques hardies, « que la précipitation
« est marâtre de la justice, » que « qui tost juge
« et qui n'entend, faire ne peut un bon juge-
« ment [1], » que « les juges branle-teste devroient
« bien se chastier de cette imperfection et encore
« plus ceux qui becquettent par des brocards ou
« propos fascheux les parties qui plaident par-
« devant eux ou le conseil desdites parties [2]. »

L'ordonnance de Blois de 1579 avait prescrit
aux avocats, en signant leurs écritures, « d'es-
« crire et parafer de leur main ce qu'ils auront

spiré en rappelant ce fait dans le réquisitoire de l'affaire Ollivier.
Il est à regretter toutefois qu'il n'ait pas reproduit la version que
nous donnons ici, et cette réponse qui prouve l'élévation de sentiments de Christophe de Thou. Au faîte des honneurs, ce magistrat se plaisait à parler des liens qui le rattachaient au barreau, les
grandeurs n'avaient pu lui faire oublier la noble profession qu'il
avait exercée pendant quelques années.

[1] Loysel, *Institutes coutumières.*

[2] Ayrault, *Sentences.* Voir à l'Appendice, n° 4. *Des égards dus
à l'avocat pendant la plaidoirie.*

« reçu pour leur salaire, et ce, sous peine de con-
« cussion. »

Cette innovation, qui blessait profondément la
délicatesse de l'ordre, ne reçut pas d'exécution
régulière. En 1602, le parlement de Paris en pres-
crivit l'observation. Les cent sept avocats alors
inscrits donnèrent leur démission, et allèrent deux
à deux déposer leurs chaperons au greffe. En présence de cette protestation, le parlement essaya
d'abord de faire plaider les affaires par les procu-
cureurs, mais il renonça quelque temps après à
l'exécution de l'ordonnance.

Malgré quelques nuages passagers, l'union du
barreau et de la magistrature était alors très-
grande. Celle-ci attachait avec raison une haute
valeur au respect d'hommes aussi chatouilleux
à l'endroit de leur honneur. Les avocats reconnais-
saient d'ailleurs les égards et l'affection du parlement par une profonde déférence pour ses membres et l'attachement le plus sincère à sa cause.

Quand l'un de ces magistrats qui avaient jeté
tant d'éclat sur les fonctions du ministère public,
Séguier ou d'Aguesseau, était élevé à la dignité
de chancelier, c'était un ancien avocat qui présentait les lettres patentes au parlement, et se

rendait l'interprète de la satisfaction générale. On pouvait dire alors, sans donner lieu à la moindre contradiction, que c'étaient là les jours de fête du barreau. Si l'ordre partageait les joies de la magistrature, il avait aussi les mêmes deuils.

Pendant la minorité de Louis XIV, Omer Talon, avocat général, fut exilé pour s'être opposé à l'enregistrement d'un édit relatif aux finances. L'ordre des avocats fit éclater publiquement ses sympathies pour ce courageux magistrat. « Le cardinal « Mazarin croyant les mortifier, donna une décla- « ration qui permettait aux procureurs de plaider « sur les appellations ; mais en même temps, l'il- « lustre M. de Bellièvre, premier président, repré- « senta au roi que les procureurs n'étaient pas « capables de plaider des questions de droit et de « coutume, et qu'ainsi les causes de ses sujets se- « raient mal défendues ; d'ailleurs le peuple mur- « murait hautement. Le cardinal craignant quel- « que émotion, fut obligé de rappeler M. Talon, « qui rentra au palais, tout glorieux et très-recon- « naissant du service que les avocats lui avaient « rendu [1]. »

[1] Bretonnier. *Recueil par ordre alphabétique des principales*

Lorsque la couronne, entraînée par de per-
fides conseils, remplaça les magistrats du parlement par les dociles instruments du chancelier
Maupeou, les avocats refusèrent de plaider devant
les intrus qui avaient envahi le sanctuaire de la
justice. Des défections toutefois eurent lieu dans
le sein de l'ordre; vingt-huit avocats consentirent
à se présenter devant le parlement Maupeou, et
quatre d'entre eux poussèrent l'oubli de leur dignité jusqu'à se rendre à Fontainebleau auprès de
l'indigne successeur de l'Hôpital, pour lui porter
leur adhésion à son coup d'État. Le mépris public
fut le châtiment de cette démarche, et ceux qui
l'avaient faite furent flétris du nom de *Quatre
Mendiants*. L'avénement de Louis XVI rendit
à la justice son cours ordinaire, et au parlement ses véritables magistrats. La grande majorité des avocats réclama la radiation des
vingt-huit transfuges. Ils échappèrent à cette
punition si méritée par l'indulgence excessive du
bâtonnier Lambon, homme doux, indécis, qui se
tira de cette situation difficile en n'arrêtant pas
le tableau.

*questions de droit qui se jugent diversement dans les différents tri-
bunaux du royaume.* Préface, p. 23.

Quelques années plus tard, l'ancienne monarchie emportait dans sa chute les parlements.
L'ordre des avocats, par un sentiment d'honneur excessif, ne voulut point survivre à l'ancienne magistrature, et sollicita avec tant d'ardeur sa propre dissolution, qu'il finit par l'obtenir.

SECTION II

Changements apportés aux attributions et à l'organisation du ministère public et du barreau depuis 1789 jusqu'à nos jours

Les changements apportés par le triomphe des
principes de 1789 à l'organisation judiciaire et
surtout à l'administration de la justice criminelle établirent de nouveaux rapports entre le
ministère public et le barreau. Dans les affaires
civiles, l'organe du ministère public n'était gé-
néralement point l'adversaire né d'aucune des
parties; il faisait entendre son avis après la clôture du débat contradictoire entre les avocats.
Les affaires criminelles ne se discutaient plus à
l'audience; depuis l'ordonnance de Villers-Cotterets, œuvre du chancelier Poyet, toute l'instruction se faisait par écrit. Quel que fût le soin avec

lequel nos anciens magistrats procédaient au jugement des affaires criminelles, l'absence d'un débat oral et contradictoire avait laissé consommer d'irréparables erreurs. Compléter l'instruction écrite par le débat oral, n'était-ce pas donner à la justice les garanties qu'elle était en droit d'exiger? Telle fut la pensée des plus fameux criminalistes du siècle dernier, telle a été depuis 1789 la loi de la France. La discussion publique et contradictoire était, en outre, la conséquence nécessaire de l'institution du jury pour le jugement des affaires criminelles.

Ces heureuses réformes donnèrent de nouvelles attributions au ministère public et au barreau.

Le ministère public fut reconstitué avec cette puissante cohésion que l'on retrouve dans toutes les branches de notre administration. Cette division d'attributions entre le procureur général et les substituts d'une part, et les avocats généraux et les avocats du roi n'existe plus. Les anciens noms ont été conservés, il est vrai, mais ils répondent à des idées toutes différentes. Le ministère public est un et solidaire; dans chaque ressort de nos cours souveraines, tous les magistrats qui en exercent les fonctions sont amovibles, et ne sont, sous des titres divers, que les substituts du procureur général [1].

Les avocats furent longtemps sans obtenir une organisation analogue à celle qu'ils avaient perdue en 1791. Sous le nom de *défenseurs officieux*, d'*hommes de loi*, ils avaient généreusement prêté leur ministère aux victimes de la Terreur.

Napoléon ne se pressa point de leur rendre les franchises si nécessaires à la bonne administration de la justice. M. Dupin, dont on ne saurait trop invoquer l'autorité en pareille matière, voit la cause de ce retard dans la haine que le barreau inspirait à l'Empereur.

« Les avocats avaient mérité cette animadver- « sion de la part d'un homme qui aspirait à se « rendre absolu et qui ne voulait rencontrer ni « obstacle à ses idées, ni contradiction à ses volon- « tés. Bellart avait défendu mademoiselle de Cicé, « Bonnet avait défendu Moreau, vingt autres eus- « sent brigué l'honneur de défendre l'infortuné duc

---

[1] M. Dupin, dans un opuscule publié en 1824, réclamait l'inamovibilité pour les magistrats du parquet comme *garantie de l'indépendance et de la sécurité des citoyens*. Il est revenu de cette première idée, et il expliquait en 1835 ce changement de la manière suivante : « *J'écrivais cela en 1824, et j'étais avocat ; aujourd'hui je suis procureur général et je me borne à désirer qu'on ne destitue pas légèrement* »

« d'Enghien, s'il n'eût été sacrifié à huis clos...
« Le chef de l'Empire savait que tous étaient prêts
« à faire leur devoir en toute occasion et que le
« pouvoir arbitraire n'avait pas de plus rudes ad-
« versaires que des hommes accoutumés à tout
« ramener aux principes de la justice et du droit
« Toutefois, ajoute malicieusement M. Dupin, son
« aversion n'existait que pour ceux qui voulaient
« rester avocats au service du public, car pour tous
« ceux qui voulaient entrer au sien il eut grand
« soin de les accueillir[1]. »

L'ordre fut donc reconstitué par le décret du
14 décembre 1810, destiné, d'après le même auteur, à *impérialiser* les avocats. La nomination du
conseil de discipline et du bâtonnier était confiée au procureur général.

Le décret de 1810 interdit toute assemblée de
l'ordre sans l'agrément du procureur général, et

[1] M. Dupin, lors de la levée du scellé administratif apposé au do-
micile de M. Cambacérès, a extrait d'une lettre de l'Empereur, relative à un projet de décret sur l'ordre des avocats, « cette bou-
tade plus digne d'un dey d'Alger que du chef d'une nation
« civilisée : Le décret est absurde. Il ne laisse aucune prise, aucune
« action contre eux. Ce sont des factieux, des artisans de crimes
« et de trahisons ; tant que j'aurai l'épée au côté, jamais je ne si-
« gnerai un pareil décret ; je veux qu'on puisse couper la langue à
« un avocat qui s'en sert contre le gouvernement. »

pour tout autre objet que l'élection des candidats
parmi lesquels le chef du parquet choisit les membres du conseil. En dehors de ces conditions, toute
assemblée expose ceux qui s'y trouvent aux peines
édictées contre ceux qui font partie de réunions
ou d'associations illicites. Ceux qui se coalisent,
sous quelque prétexte que ce soit, pour déclarer
qu'ils n'exerceront pas leur ministère encourent la
radiation définitive. Les condamnations disciplinaires peuvent être prononcées, non-seulement
par les tribunaux, mais encore par le grand juge
ministre de la justice. La disposition de l'ordonnance de Blois, relative aux reçus d'honoraires,
est rétablie. Enfin, il n'y a pas un mot pour remettre en vigueur les anciens usages et les traditions de l'ordre.

Un gouvernement libéral et réparateur devait
s'ap liquer à rendre au barreau les libertés nécessaires à l'accomplissement de son ministère.
C'est ce que voulut la Restauration ; M. de Peyronnet, dans le rapport au roi qui précédait l'ordonnance du 20 novembre 1822, réfutait victorieusement tous les sophismes des partisans du régime
restrictif de 1810.

« Cette profession a des prérogatives dont les es-

« prits timides s'étonnent, mais dont l'expérience
« a depuis longtemps fait sentir la nécessité. L'in-
« dépendance du barreau est chère à la justice
« autant qu'à lui-même. Sans le privilége qu'ont
« les avocats de discuter avec liberté les décisions
« mêmes que la justice prononce, les erreurs se
« multiplieraient, ne seraient jamais réparées, ou
« plutôt un vain simulacre de justice prendrait la
« place de cette autorité bienfaisante qui n'a d'au-
« tre appui que la raison et la vérité. » (Rapport
au roi, par M. de Peyronnet, garde des sceaux,
sur l'ordonnance projetée du 20 novembre 1822.)

L'ordonnance de 1822, qui régit encore aujourd'hui l'ordre des avocats, fit disparaître les
dispositions les plus fâcheuses du décret de 1810;
elle rendit, par son article 45, aux anciens usages
du barreau la force légale. Cependant elle donna
lieu, sur deux points, à des critiques fondées;
elle contraignait l'avocat qui était appelé à plaider
hors du ressort dans lequel il exerçait sa profession à solliciter une autorisation ministérielle;
cette restriction établie par le décret de 1810
avait été maintenue à la demande de quelques
barreaux de province qui redoutaient la concur-
rence des avocats des grandes villes. L'ordonnance

de 1822 ne laissait pas à l'ordre l'élection de son conseil de discipline; elle divisait ses membres en colonnes et faisait entrer dans le conseil les deux plus anciens de chaque colonne et les anciens bâtonniers. L'ordonnance du 27 août 1850 redressa ces deux griefs. Nous avons, en terminant cette énonciation des lois qui régissent le barreau, le regret de mentionner le décret du 22 mars 1852, qui apporte certaines restrictions aux choix des membres du conseil de discipline; mais cette dernière mesure n'a porté, nous nous empressons de le reconnaître, aucune atteinte aux immunités de la défense; elles sont entières. Soutenu par de puissantes traditions, par des lois dont l'autorité est incontestable, le barreau français doit maintenir ses franchises dans leur intégrité, et n'y peut laisser porter la main sans abdiquer tout sentiment de dignité [1].

[1] Voir à l'Appendice, n° 7. *Lois et ordonnances qui régissent la profession d'avocat.*

CHAPITRE III

DES RAPPORTS DU MINISTÈRE PUBLIC ET DU BARREAU
A L'AUDIENCE DES TRIBUNAUX DE RÉPRESSION D'APRÈS LES PRINCIPES
DE LA LÉGISLATION CRIMINELLE.

Nous avons vu par quelles phases le ministère public et le barreau avaient passé, quelle organisation et quels priviléges ils avaient reçus des différents législateurs de la France. Quels doivent être leurs rapports dans les luttes qui s'engagent entre eux devant les tribunaux de répression?

Les principes de notre législation criminelle réclament impérieusement la même liberté et les mêmes priviléges pour les parties qu'elle met en quelque sorte aux prises. L'égalité absolue, dans la discussion de l'audience, entre l'accusation et la défense, est la première condition de la bonne administration de la justice; elle découle de la nature même des intérêts qui sont en présence et de l'esprit de nos lois.

Un certain nombre de personnes se font une

bien fausse idée de la nature des intérêts sociaux qui sont en jeu dans les affaires criminelles. Pour elles la société est fort inégalement intéressée aux efforts des deux parties. Le ministère public est son champion, l'avocat est presque son ennemi. La conséquence nécessaire de cette opinion serait que, moins les immunités de la défense auraient d'étendue, mieux la société serait servie. Il est important de combattre ce préjugé : quelque erroné qu'il soit, il fait son chemin; il est des plus dangereux, car il a pour conséquence logique et nécessaire l'abominable décret du 22 prairial, œuvre de Robespierre. « La loi donne pour défenseurs aux patriotes calomniés des jurés patriotes; elle n'en accorde point aux conspirateurs.»

Il est facile, en examinant avec impartialité les débats criminels, de réfuter ce préjugé. La société y est représentée à des titres divers, mais incontestablement égaux par le ministère public et l'avocat. Si l'un remplit un devoir envers elle en consacrant tous ses efforts à la répression des méfaits, l'autre lui rend un service non moins signalé en faisant valoir avec force toutes les considérations qui peuvent établir l'innocence d'un prévenu. Si la société a le droit de voir une trahison dans la négligence ou la mollesse du ministère public, elle se sent aussi profondément lésée lorsque la défense manque ou n'est pas libre.

Il y a là deux intérêts sacrés que le législateur s'est appliqué à satisfaire; lorsque la conciliation a été impossible, lorsqu'il a fallu se prononcer en faveur de l'un aux dépens de l'autre, c'est toujours au profit de l'accusé que des exceptions ont été apportées au principe de l'égalité absolue. Notre législation pénale porte la forte empreinte de cette vérité, que l'impunité du criminel est encore préférable à la condamnation de l'innocent.

Ainsi le doute du juge entraîne l'acquittement du prévenu. Le magistrat qui croirait rendre service au pays en se contentant de probabilités au lieu de preuves, pour motiver une condamnation, se tromperait complétement en même temps qu'il manquerait à la justice. Cette crainte du législateur d'autoriser une condamnation imméritée est l'origine de véritables faveurs pour l'accusé. Il a le droit de récuser un juré de plus que le ministère public. Si la majorité des voix ne se prononce pas pour la culpabilité, il est acquitté. Lorsque le jury rapporte un verdict affirmatif contre lui, la cour d'assises apprécie cette déclaration, et, si elle la trouve erronée, renvoie l'affaire à une autre session. L'accusé, après sa condamnation, peut se pourvoir en cassation. Toute voie de recours, au contraire, est interdite contre une ordonnance d'acquittement[1]. Enfin la défense a le privilége d'être entendue la dernière et peut ainsi exercer l'impression la plus durable sur le juge.

L'avocat, en revendiquant une égalité absolue à l'audience avec l'organe du ministère public, se conforme strictement à l'esprit de la loi.

Le caractère même de la lutte implique encore l'égalité entre les parties. Il ne s'agit pas en effet d'entasser condamnation sur condamnation afin de grossir les statistiques du crime; il faut que justice soit faite, et ce résultat ne peut venir qu'à la suite d'un débat libre et loyal. Tout ce qui gêne la défense peut être une cause d'erreur dans les délibérations judiciaires. La défense comme l'accusation doit donc avoir la plus grande latitude dans l'exposition de ses moyens.

Il ne suffit pas pour qu'il en soit ainsi de ne

[1] Le ministère public peut se pourvoir dans l'intérêt de la loi, mais le sort de la partie acquittée est irrévocablement fixé.

pas contester le principe même de la libre défense, de proclamer bien haut sa nécessité; si on
le paralyse immédiatement par des restrictions,
si on lui fixe des limites arbitraires, on fausse
l'esprit de, la loi aussi bien que ceux qui l'atta-
quent en face. Les champions de la liberté de la défense ne peuvent donc se tenir pour satisfaits des
stériles hommages qui lui sont adressés, ils doivent réfuter avec la même énergie les erreurs qui
nient le droit et celles qui en contestent l'étendue,
car les unes et les autres conduisent aux mêmes
conséquences, elles entravent l'exercice d'un droit
sacré.

On a beau se prononcer en thèse générale pour
les immunités de la défense; on les mutile en contestant à l'avocat la faculté de prendre l'offensive
par ce motif que le devoir de défendre n'entraîne
pas le droit d'attaquer.

Cette définition des droits de la défense manque
d'exactitude : l'avocat défend et attaque tour à
tour; il défend son client, il attaque aussi son
adversaire. La loi romaine le compare avec raison
au soldat qui ne se sert pas seulement du bou-
clier et de la cuirasse pour parer les coups de
l'ennemi, mais qui a aussi à sa disposition la lance

et les javelots. Muni, comme celui qu'il combat, d'armes offensives et défensives, l'avocat est le seul appréciateur de celles qui conviennent le mieux pour assurer le triomphe de sa cause. Il juge, s'il doit se borner à attendre l'ennemi dans ses positions et à repousser ses attaques, ou si, par une manœuvre plus hardie, il doit les devancer et devenir l'agresseur. Le réduire à la stricte défensive, c'est le priver d'un puissant moyen d'action.

Si le choix des armes n'existe que pour le ministère public, la lutte cesse d'être égale, elle n'est plus honorable. L'esprit de la loi comme sa dignité s'oppose à ce que nous nous arrêtions à cette hypothèse; toutes les faveurs de notre Code d'instruction criminelle sont, nous l'avons dit, pour l'accusé : aucune considération ne doit être assez puissante pour nous faire admettre, en l'absence d'un texte positif, que la défense n'ait pas à l'audience des droits égaux à ceux de l'accusation.

Quelle raison d'ailleurs invoque-t-on pour expliquer une dérogation à des principes aussi formels? Il faut, a-t-on dit, ne pas oublier la qualité des parties. L'organe du ministère public est magistrat ; il doit être respecté dans l'exercice de ses fonctions. Quoi de moins respectueux que la censure de ses actes, de ses intentions, de sa personne? L'avocat n'a pas le droit de juger ni de censurer sa conduite ; il doit se borner à répondre à ses arguments par les arguments contraires.

Loin de nous la pensée de contester le respect dû à la personne du magistrat chargé de parler au nom du ministère public à l'audience. Cependant notre respect ne lui appartient pas au même titre qu'au magistrat qui juge l'affaire. On reproche, il est vrai, à ce raisonnement, de diviser en deux la famille judiciaire. Mais ce reproche n'aurait de valeur qu'autant que la division sur laquelle il porte serait arbitraire. Or il n'y a d'arbitraire ici que l'assimilation du ministère public aux juges.

Les juges sont réputés ne point avoir, dans les débats qui s'agitent devant eux, d'autre intérêt que celui de la justice. Les parties n'ont donc pas le droit de les faire intervenir dans la discussion, ni de mettre en question leurs actes, leurs passions et leurs intentions. La loi a si impérieusement voulu écarter de la personne du juge toute attaque de ce genre, qu'après avoir recherché avec le plus grand soin les circonstances dans lesquelles son impartialité pourrait être suspectée, elle a déterminé certains cas de récusation qui l'éloignent temporairement de son siége. Sage précaution bien faite pour conserver à la justice le renom d'équité qui lui est si nécessaire!

Dans les affaires civiles, lorsque le ministère public n'est pas directement en cause, lorsque, suivant le langage de la procédure, il est *partie jointe* au débat, il peut être récusé pour les mêmes causes que le juge. Il n'a aucun rôle tracé d'avance, aucune obligation de conclure dans un sens plutôt que dans l'autre, il ne prend la parole qu'après la clôture du débat contradictoire, il ne peut être attaqué, il exerce comme le juge un ministère d'entière impartialité, le soupçon de passion ne peut l'atteindre.

Si, au contraire, l'organe du ministère public est directement en cause, s'il est *partie principale*, il n'est plus récusable. Telle est la disposition de l'article 581 du Code de procédure civile.

Ce n'est plus à un magistrat affranchi de toute prévention que la défense a affaire, c'est à un adversaire qui peut et doit être discuté.

Quel est donc le droit de l'avocat à l'égard du ministère public, partie principale et poursuivante dans les débats criminels? L'avocat a le droit, comme on l'a dit avec autant de force que de justesse, de *mettre en pièces* le réquisitoire de son adversaire. S'il peut y réussir, s'il écrase l'accusation, il atteint le but que la loi lui avait indiqué, il a sauvé son client de la condamnation qui le menaçait. Cette appréciation des droits de l'avocat a été trouvée peu respectueuse ; nous la croyons, quant à nous, pleine de convenance et d'à-propos. Si la défense ne cherche pas à mettre en pièces le réquisitoire du ministère public, si, là où elle doit une réfutation énergique, elle oppose une discussion énervée par une courtoisie qui fortifierait l'accusation, on ne lui reprochera certainement pas d'avoir oublié le respect dû à la magistrature, mais elle aura reculé devant l'exercice d'un droit, peut-être même d'un devoir, ce que la conscience et la loi lui interdisent au même degré.

Le ministère public a le droit d'attaquer les actes, les paroles, les passions de la défense, il est exposé à se voir l'objet des mêmes attaques.

Que l'on ne considère pas cette partie de l'argumentation comme inutile, elle exerce une influence décisive sur l'esprit des juges. L'orateur qui, dans certaines affaires, croit devoir signaler les contradictions que présente le langage de son adversaire avec ses actes, ses paroles et ses écrits antérieurs, ne cède pas à un coupable sentiment de malignité. Il ne se propose pas, en agissant ainsi, d'affaiblir la considération personnelle de son contradicteur, il espère, avec raison, diminuer l'autorité de sa parole. Ainsi un avocat a émis une opinion sur une question analogue à celle que le tribunal devant lequel il se présente est appelé à trancher; oubliant ce qu'il a dit précédemment, ou n'apercevant peut-être pas comme son adversaire une identité absolue entre les deux affaires, il vient plaider un système tout différent de celui qu'il avait d'abord soutenu. N'est-il pas de bonne guerre de le battre en brèche par ses propres moyens, et de le mettre dans la situation fort délicate d'expliquer des contradictions quelquefois apparentes, quelquefois aussi très-réelles? C'est ce que le ministère public manque rarement de faire quand l'occasion s'en présente, et nul ne songe à l'en blâmer. Avec quel soin ne signale-t-il pas au juge tout ce qui peut le mettre en garde contre l'autorité de la plaidoirie adverse! Nous ne croyons pas nous écarter de notre sujet en citant un exemple tout récent de cette vigilance de l'accusation.

Un avocat plaidant devant la cour d'assises de la Seine avait produit une profonde impression sur le jury, par la lecture d'une lettre que sa cliente lui avait remise comme émanant d'elle. Peu de jours après, on s'aperçut que tout le monde avait été joué par l'accusée, qui avait emprunté sa lettre à l'un des derniers romans en vogue. A quelque temps de là, le même avocat plaidait une affaire fort grave devant une autre cour d'assises. L'organe du ministère public, au commencement de son réquisitoire, sans connaître le système de la défense, crut pouvoir rappeler l'épisode de la lettre aux jurés, dans l'espérance sans doute que cette allusion réussirait à faire accueillir avec quelque défiance les moyens de défense.

Nous ne pensons pas que l'acte de ce magistrat ait été l'objet d'une censure de la part de son chef ni de la moindre critique de ses collègues? Pourquoi l'avocat n'aurait-il pas la même latitude? Une digression de ce genre ne peut-elle pas être de la plus grande utilité pour les intérêts de son client? L'avocat, ne l'oublions pas, doit anéantir dans l'esprit des juges l'effet produit par le réquisitoire. Si son adversaire se laisse entraîner par ses passions au point de donner aux faits des qualifications qu'ils ne comportent point, une gravité qu'ils n'ont pas, l'avocat est dans son droit, non-seulement en contestant les qualifications et l'importance données à tort à ces faits, mais encore en signalant avec la plus entière liberté d'appréciation les passions qui expliquent les erreurs de l'argumentation opposée.

Que ces passions se soient produites d'une façon violente, qu'elles se soient voilées sous les formes de la modération, il n'est pas moins nécessaire d'en détruire l'effet.

La liberté de la défense à l'égard de l'accusation à l'audience n'a rien d'anormal; non-seulement l'avocat peut discuter comme il l'entend le réquisitoire du ministère public, mais toutes les phases de l'instruction sont livrées à son examen et à sa critique.

Ainsi le juge d'instruction a-t-il dépassé la limite de ses droits, a-t-il méconnu les dispositions par lesquelles la loi protége la liberté individuelle, a-t-il laissé des inexactitudes se glisser dans ses procès-verbaux, a-t-il prolongé sans nécessité l'épreuve du secret, a-t-il soumis le prévenu à un système de violence morale, a-t-il obtenu, en exerçant sur un esprit faible une trop grande pression, des déclarations qui n'ont pas été librement faites, l'avocat peut et doit dévoiler tous ces faits, signaler aux juges les mauvais traitements dont son client a été l'objet, montrer la violence qui a pu être faite à sa volonté et même blâmer le zèle irréfléchi qui a été le mobile de cette conduite. Toutes ces considérations, en effet, peuvent avoir la plus grande influence sur l'issue de l'affaire.

L'avocat peut examiner et critiquer les actes d'un magistrat à qui la loi laisse la liberté la plus entière de poursuivre ou de renvoyer le prévenu, suivant les inspirations de sa conscience. Pourquoi donc n'aurait-il pas ses coudées plus franches encore vis-à-vis de son adversaire naturel, le ministère public chargé de soutenir l'accusation sortie du travail de ce juge instructeur?

Si la présence de l'organe du ministère public dans les débats criminels était une cause de gêne pour l'avocat, si celui-ci devait, pour ainsi dire, se recueillir à chaque parole pour s'assurer qu'elle ne blesse point des susceptibilités parfois

très-délicates, les immunités de la défense seraient
compromises, la lutte ne serait plus égale; ce
que la magistrature gagnerait par une déférence
excessive envers les organes du ministère public
serait loin de compenser ce que la justice perdrait
à l'absence d'une défense libre.

M. le procureur général Chaix d'Est-Ange,
dans un récent réquisitoire, n'a pas voulu réclamer de priviléges pour le ministère public; il a
contesté les principes que nous venons d'exposer
par une raison assez extraordinaire. Si nous devons l'en croire, la passion n'est pas un des élé-
ments des débats judiciaires. « La passion, s'est-il
écrié, nous ne l'admettons ni chez les uns, ni chez
les autres..... La passion ne doit pas avoir accès
dans cette enceinte. »

Une assertion de ce genre ne nous surpren-
drait pas dans le livre d'un utopiste qui n'a jamais franchi le seuil du Palais de Justice, qui refait, dans la solitude du cabinet, la société au gré
de son imagination; mais comment l'expliquer
chez un homme qui, pendant quarante ans, a été
l'un des plus vigoureux et des plus passionnés
athlètes de nos luttes judiciaires? M. Chaix d'Est-
Ange a eu raison de le dire, nul n'est plus com-

pétent que lui pour apprécier les droits du barreau : c'est vrai ; nul aussi mieux que lui ne nous
a mis à même de les connaître. Avec quelle ardeur ne s'est-il pas jeté dans ces débats restés si
fameux? Quel adversaire a-t il ménagé lorsqu'il
pensait que l'intérêt de son client exigeait toutes
ses sévérités? Devant quelle expression de blâme
ou de censure a-t-il reculé? Quel sarcasme et
quelle ironie a-t-il négligés? Il ne s'étonnera donc
pas que, fidèles à ses enseignements, nous con-
naissions si bien nos priviléges. Il nous a montré
les limites fort reculées en dedans desquelles le
droit de la défense peut se mouvoir, il ne lui appartient pas de les restreindre aujourd'hui ; qu'il
se rassure, d'ailleurs, nos plus grandes témérités
n'atteindront jamais ses hardiesses.

La passion est un élément essentiel de tout
débat judiciaire, elle se fait jour surtout dans les
affaires criminelles.

« Défenseur d'une cause privée, l'avocat ras-
« semble sur ce point unique toutes les forces
« de son âme et de sa pensée. Il a senti les an-
« goisses de son client, il s'est animé de ses pas-
« sions, il s'est rempli de ses douleurs[1]. »

[1] Berville. *Éloquence du barreau.*

« La première disposition que notre ministère
« exige est ce sentiment vif et profond du juste
« offensé, que l'oppression irrite, que toute ini-
« quité révolte... Il faut braver des inimitiés puis-
« santes et lutter contre le pouvoir qui se ferait
« oppresseur [1]. »

C'est à l'avocat pénétré du sentiment de tous ces
devoirs que l'on vient demander de comprimer
ses émotions, de les refouler au fond de son
cœur et de rester froid et impassible ! Une telle
prétention ne saurait supporter un examen sérieux.

Les passions jouent, dans le réquisitoire, un
rôle aussi important que dans la plaidoirie. Il appartient donc à la défense de les démasquer si
elles se cachent, de les critiquer si elles sont irri-
tantes. Le ministère public donne-t-il à l'avocat,
suivant le sage conseil de M. Chaix d'Est-Ange,
l'exemple de la réserve et de la bienveillance, il
n'est guère à craindre que le débat s'envenime
entre eux, la défense n'aura pas besoin de
pénibles efforts pour imiter l'accusation.

[1] Ph. Dupin.

Non civium ardor prava jubentium
Nec vultus instantis tyranni
Mente quatit solida.
(*Horace.*)

Mais jusqu'ici l'avocat n'a pas toujours trouvé chez son adversaire, ou du moins dans son réquisitoire, l'expression de ces sentiments; il ne serait même possible pour lui de les rencontrer qu'autant que les organes du ministère public ressembleraient à la peinture que M. Chaix d'Est-Ange en a faite.

« Oui, quand le magistrat, a-t-il dit, traduit à
« la barre de la société l'homme couvert de tous
« les crimes, quand il le poursuit de fuite en
« fuite, d'excuse en excuse, de misère en misère,
« quand il lui prouve la vanité de sa défense et
« l'éclat de son crime, il se produit dans le cœur
« de tout homme, si dégradé qu'il puisse être,
« un soulèvement généreux, une indignation hon-
« nête contre le forfait, mais la haine du criminel
« n'entre jamais dans le cœur du magistrat; il
« garde toujours la modération des formes, le res-
« pect de l'individu, malgré les stigmates d'in-
« famie qui le déshonorent. »

Ce portrait est certainement tracé avec une grande chaleur de tons, mais il lui manque une chose essentielle, la vie : ce n'est point l'organe du ministère public, en chair et en os, tel que nous le voyons ordinairement, c'est un être à part, qui ignore les faiblesses de l'humanité, qui vit loin du tumulte d'ici-bas, qui participe aux perfections sublimes et à la douce béatitude des habitants du céleste séjour. Nous ne pensons pas offenser la magistrature en soutenant que ces traits ne sont pas les siens. L'homme, en effet, n'abdique ni ses sentiments, ni ses passions en revêtant la simarre.

Le magistrat est homme, il a donc des passions; ces passions éclatent surtout chez l'organe du ministère public. Faut-il s'en étonner? Non, car les passions se manifestent avec une vivacité d'autant plus grande que la contradiction les irrite, l'expression n'en saurait même être toujours modérée.

D'ailleurs la modération dans la forme est quelquefois moins l'effet du caractère de l'orateur que le résultat d'un calcul. Dans ce dernier cas, elle est pleine de dangers, et il est de première nécessité de mettre au jour tout ce qu'il y a de violent et d'exagéré dans des propositions débitées avec un ton calme et contenu.

En outre, il n'y a pas de combat qui ne surexcite en nous certaines passions, ceux-là seuls qui ne connaissent point le cœur de l'homme

4

s'imaginent qu'il lui est facile de se soustraire à
de telles influences. L'organe du ministère public
ne peut donc voir avec une sérénité parfaite l'issue
de la lutte où il a été l'un des principaux champions! S'il désire la condamnation de l'accusé
dans l'intérêt de la justice qu'il croit outragée,
il y trouve aussi une victoire qui constate son
habileté et son éloquence. Ses amis le félicitent
du triomphe de ses réquisitoires et de la condamnation qui en est le résultat comme d'un évé-
nement heureux, d'un grand succès personnel.
Cependant cette condamnation peut être de la
dernière gravité. Si au contraire l'innocence de
celui qu'il poursuivait est reconnue, il ne s'en af-
flige point comme d'un échec personnel; mais il lui
restera le déplaisir des erreurs de l'accusation
qu'il avait été chargé de soutenir.

De là ces récriminations toutes faites contre
la mollesse des juges, contre la coupable indulgence des jurés, contre l'énervement de la répression pénale. On va même jusqu'à reprocher
aux juges d'avoir trahi les intérêts de la société,
alors seulement qu'ils ont écarté les ardeurs du
réquisitoire. De là aussi l'excès de vivacité que
tant de jurés ont souvent déploré dans la manière

dont quelques organes du ministère public dirigent l'accusation [1].

Cette vivacité excessive, il est vrai, produit ordinairement un résultat entièrement contraire aux désirs de l'accusation. La pitié, si familière au cœur du juge, se réveille et milite en faveur de celui qui est si durement traité. N'est-ce pas alors pour l'avocat un devoir de faire ressortir tout ce qu'il y a d'exagéré dans la position que son adversaire a prise? ne doit-il pas lui être permis de faire usage des armes que celui-ci lui a données?

La vivacité des paroles qui s'échangent à l'audience entre les parties tient encore à une autre cause. Le ministère public improvise comme l'avocat, la chaleur de l'action l'entraîne comme son adversaire plus loin qu'il n'aurait voulu aller, s'il eût pu mesurer à l'avance chaque mot qu'il devait prononcer [2]. La lutte serait-elle égale, si, sans danger pour le ministère public, l'improvisation

[1] Voir sur ce point l'excellent article de notre confrère M. Bonnier, professeur à l'École de droit, dans l'*Ami de la Religion* du 5 mars 1860.

[2] L'improvisation ne sert pas toujours bien, même les plus habiles. Le réquisitoire de M. Chaix d'Est-Ange, dans ses parties improvisées, nous en a donné une nouvelle preuve. Cet orateur, si maître de sa parole, s'est pourtant écrié :

« Est-ce qu'il est possible de dire : les magistrats assis je les

était pleine de périls pour l'avocat? Évidemment non.

Reconnaissons donc que la passion existe des deux côtés, identique dans son origine, différente dans ses effets, ét qu'il appartient à chacune des deux parties de redresser les erreurs dont son adversaire est la cause involontaire, mais réelle.

Si les passions ont inévitablement une part si importante dans les affaires ordinaires, comment oserait-on prétendre que les affaires politiques ne les font pas descendre dans l'arène judiciaire? C'est là qu'elles se produisent avec la plus grande puissance.

On a vainement cherché à faire tomber sous la même réprobation les crimes et délits politiques, et les crimes et délits ordinaires; le bon sens s'est toujours refusé à cette assimilation. A quelque opinion que l'on appartienne, et sans manquer au reespct dû à la justice, on peut dire qu'il est telle personne frappée par elle pour un fait de ce genre, dont on recherchera l'amitié et l'estime, tandis que l'on ne croira devoir aucune

respecte, ceux qui sont debout *je les dévore.* » Nous ne rencontrons guère dans ces expressions la modération constante dans la forme que M. Chaix d'Est-Ange a représentée comme l'invariable attribut d'un réquisitoire.

considération à beaucoup de ceux qui n'ont jamais été exposés au même sort.

Dans ces sortes d'affaires, les liens qui rattachent l'avocat à son client sont plus étroits que jamais ; il y a souvent entre eux communauté parfaite d'opinions, de regrets, d'espérances.

Le ministère public n'aborde pas non plus ces débats sans prévention. Si le gouvernement a des adversaires passionnés, il a aussi, ce serait lui faire injure que d'en douter, des amis ardents, des partisans chaleureux, et les fonctions du ministère public ne sont certainement pas confiées à des hommes timides, mous et peu dévoués au régime qui les nomme. Dès lors n'est-il pas naturel que les passions politiques du ministère public soient surexcitées ? Les attaques qu'il a cru trouver dans les écrits du prévenu l'ont blessé dans ses convictions les plus chères, dans sa foi politique ; son langage, à l'audience, doit se ressentir de son émotion : profondément pénétré du danger que de tels écrits ou de telles paroles peuvent faire courir sinon à la société, du moins à la forme du gouvernement qu'il admire, à laquelle il est attaché comme à une religion, il ne néglige rien pour faire partager ses sentiments aux juges. Il n'oublic pas qu'il est comme une sentinelle avancée chargée de signaler la moindre apparence du danger. Aussi, combien d'illusions ne peut-il pas se faire sur les périls du poste qu'il défend et sur la profondeur de la brèche qu'il couvre. Enfin, un dernier aiguillon vient s'ajouter à ceux qui l'excitent déjà. L'auditoire est nombreux; ses collègues sont là; il ne peut échapper à la recherche des applaudissements; les chefs de la magistrature manquent même rarement d'honorer de leur présence un pareil débat, ils sont témoins du zèle avec lequel la cause du gouvernement est défendue. N'y a-t-il pas, dans toutes ces circonstances accessoires, un nouveau stimulant pour l'ardeur du ministère public?

Est-il possible, d'un autre côté, que l'avocat comprime ses sentiments déjà prêts à déborder quand il les sent froissés, à chaque instant, par des paroles incisives, ironiques, amères et qui lui paraissent pleines d'injustice? Peut-il entendre avec calme flétrir des opinions qu'il partage? Non. Il se sent mis personnellement en cause, la justification de son client devient la sienne. « En revêtant la robe d'avocat, disait M. Delangle

« en 1853, nous ne nous dépouillons pas de nos
« convictions ; c'est PAR ELLES QUE NOUS VALONS
« QUELQUE CHOSE, PEUT-ÊTRE. Non, elles nous suivent
« à l'audience. »

Si, en présence d'attaques ardentes, chaleu-
reuses, passionnées, l'avocat était réduit à une
réfutation molle et décolorée, son ministère, c'est
encore M. Delangle qui le proclame, « ne serait
plus qu'un ministère de servilité et de déception. »

Ainsi, plus nous examinons les conditions du
débat judiciaire, plus nous sommes obligé d'admettre l'égalité absolue dans la discussion entre
le barreau et le ministère public, plus il nous
paraît impossible de découvrir un motif sérieux
pour interdire à l'un plutôt qu'à l'autre l'examen
et la critique des actes, des intentions et des passions de son adversaire.

M. Chaix d'Est-Ange a déclaré, il est vrai, que
prétendre à de pareils droits, c'était confondre
les époques et se reporter vers ces temps anciens,
« où le droit d'accusation publique appartenait
« à tous ; autant vaudrait, a-t-il ajouté, cette san-
« guinaire loi de Lynch, qu'on applique sur les
« confins du désert, dans l'autre monde ; ce ne

« serait rien moins que le désordre dans la cité
« et le trouble dans les familles [1]. »

Il y a dans ces paroles une exagération évi-
dente; nous allons d'ailleurs établir que depuis
le commencement du dix-neuvième siècle le barreau a toujours réclamé et toujours obtenu l'égalité qu'il ne cessera jamais de revendiquer; or
il serait injuste de dire que la consécration de
cette doctrine ait eu pour conséquence le désordre dans la cité et le trouble dans les familles.
Encore moins peut-on voir, dans la reconnaissance des immunités de la défense, l'équiva-
lent de la sanguinaire loi de Lynch, puisque cette
coutume barbare établit une justice sommaire qui
se concilie fort mal avec le principe d'une défense régulière [2].

L'avocat, en réclamant la liberté de ses allures
à l'audience, n'entend pas s'arroger le droit de
fouler aux pieds les convenances ni de méconnaître les égards dus aux adversaires qui se mesurent avec lui. Son respect pour la justice lui
interdit de faire entendre des paroles grossières

[1] *Droit* du 18 février 1860.
[2] Voir l'Appendice, n° 5. *Consultation du conseil de l'ordre des avocats de Paris.*

ou même insolentes, surtout alors qu'aucune
provocation n'en vient excuser l'emploi. Une déférence constante, la plus grande politesse présid-
dent à ses rapports avec les magistrats comme
avec ses confrères ; il défend avec chaleur les intérêts qui lui sont confiés, il est plein de modération pour les parties contre lesquelles il plaide ;
il se garde bien d'exciter les colères ou d'augmenter les haines par l'amertume de sa parole. Si
l'avocat fait un autre usage de son talent, il acquiert une triste célébrité et déconsidère son
ordre.

Écoutons d'Aguesseau :

« Quel caractère, dit le vertueux orateur, peut
« être plus indigne de la gloire d'un ordre qui
« met tout son bonheur dans son indépendance,
« que celui d'un homme qui est toujours agité
« par les mouvements empruntés d'une passion
« étrangère qui s'apaise et s'irrite au gré de sa
« partie, et dont l'éloquence est esclave d'une
« expression satirique qui le rend toujours odieux
« et souvent méprisable à ceux même qui lui
« applaudissent[1]. »

[1] *Discours sur l'indépendance de l'avocat.*

CHAPITRE IV

QUELQUES EXEMPLES DE L'APPLICATION DES IMMUNITÉS DU BARREAU
ET DE L'ÉGALITÉ ABSOLUE DES DROITS DE L'ACCUSATION ET DE LA DÉFENSE
DEPUIS 1800.

L'égalité absolue qui caractérise les rapports
du ministère public et du barreau à l'audience
des tribunaux de répression, résulte, nous venons
de le voir, des principes généraux de notre législation criminelle; elle a toujours été revendiquée
par les avocats, le plus souvent reconnue par les
membres du parquet, constamment consacrée par
la pratique de nos cours.

Entre tous les précédents que nous pourrions
invoquer à l'appui de notre thèse, depuis le commencement du siècle, nous nous bornerons à
choisir les principaux.

Le premier Empire nous a fourni peu de documents. L'éclat des débats judiciaires était bien
éclipsé par celui d'autres luttes moins pacifiques.

L'ordre des avocats compta cependant dans son sein des hommes pleins de talent et de courage ; il serait injuste d'oublier la magnifique apostrophe par laquelle M. Bonnet réduisit au silence l'accusateur public qui s'était permis de l'interrompre dans la défense du général Moreau.

« Monsieur le procureur général, ni vous ni moi
« n'étions rien que déjà le général Moreau avait
« vaincu l'archiduc en Hollande, passé le Rhin et
« le Danube en présence d'un ennemi formidable,
« et gagné les batailles de Memmingen, de Bibe-
« rach et Hohenlinden [1] ! »

[1] Le barreau eut alors de sérieux griefs contre la magistrature, si nous nous en rapportons à des témoignages contemporains. M. Toullier (*Droit civil français*, t. IX, n° 506), après avoir rappelé l'intimité des rapports entre l'ancienne magistrature et les avocats, écrit ces lignes : « La magistrature était alors l'amie et la « protectrice de l'ordre des avocats, qui, de leur côté, l'avaient « portée au plus haut degré de confiance et de respect dans l'esprit « des peuples, et qui dans toutes les occasions difficiles faisaient « cause commune avec elle, et la soutenaient dans l'opinion publi- « que, avec une force presque invincible, contre le despotisme et les « attaques des ministres, aux injustices desquels elle avait alors le « courage de résister. Que les temps sont changés ! L'usurpateur de la « toute-puissance et de toutes nos libertés voulut détruire la noble « indépendance des avocats, si justement et si éloquemment célébrée « par le grand chancelier d'Aguesseau. Un décret injuste et humi- « liant la leur ravit, et les plongea dans cet état de dépression que, « depuis quelques années, on saisit toutes les occasions d'aggraver « et de leur faire sentir. Il n'est aujourd'hui mince conseiller, ou « membre d'un parquet à peine sorti des bancs de l'école, qui ne

La Restauration ouvrit une ère nouvelle au barreau. Placé à distance de cette époque si mémorable dans l'histoire constitutionnelle de notre pays, nous pouvons apprécier avec impartialité les passions qui s'y livrèrent une guerre acharnée. La France, pour la première fois, s'essayait à vivre régulièrement sous la protection d'une charte qui laissait à l'activité des citoyens un espace bien large pour s'y développer.

Ce grand mouvement, quelque apparence de désordre qu'il présente à l'observateur superficiel, était bien préférable au silence et à l'oisiveté qui énervent les forces vives de la société. Combien de personnes se trompèrent sur les limites où la discussion était permise ! Combien aussi d'agents de l'administration, formés pour la plupart à l'obéissance passive sous le gouvernement impérial,

« croie s'honorer en les harcelant à la seule apparence du tort le
« plus léger, sans égard, sans respect pour des réputations acqui-
« ses par de longs services et par une vie sans reproche. Qu'en est-
« il arrivé? La magistrature a-t-elle recouvré l'estime et la confiance
« publique? »

M. Dupin se fit aussi l'écho de ces plaintes ; dans une petite brochure publiée le 25 juin 1814, il prétendait notamment que « le
« ministère public, au lieu d'être l'organe du tribunal ou de la cour,
« semblait s'en détacher et n'être là que comme une vedette placée
« par *le Chef* pour observer la justice en ennemie *. »

* Voir l'Appendice, n° 6. *La magistrature en 1814*, d'après M. Dupin.

ne se sentirent-ils pas portés à exagérer les droits de l'autorité ! Ces erreurs étaient inévitables : les procès politiques se multiplièrent et contribuèrent en grande partie à former cette forte génération d'avocats qui a laissé de si glorieuses traces dans nos annales judiciaires et parlementaires.

Les affaires politiques appelèrent le barreau dans l'arène; il s'y jeta avec une grande ardeur, et s'y mesura avec le ministère public. Ces affaires furent l'occasion de quelques écarts de la part de l'accusation et de la défense. Les avocats ne se contentaient point de revendiquer leurs droits à l'audience. Des traités rédigés avec soin exposaient tous les priviléges de la défense.

Le plus célèbre est le livre intitulé *Profession d'avocat*, que M. Dupin aîné édita en 1818. Cet ouvrage est une véritable galerie dans laquelle l'habile éditeur a placé certains écrits d'anciens auteurs, tels que Loysel, d'Aguesseau, Boucher d'Argis et Camus, plusieurs de ses opuscules, et des travaux de ses contemporains les plus distingués [1].

---

[1] Une nouvelle édition a été publiée en 1832, elle contient des morceaux qui ont été écrits depuis 1818. Il n'est toutefois pas sans intérêt de consulter l'ancienne édition, pour y retrouver quelques

Le passage suivant, que nous empruntons au chapitre de la *libre défense des accusés*, écrit par M. Dupin, montre la vivacité avec laquelle on croyait devoir réclamer l'égalité entre le ministère public et le barreau :

« Quelque respect que mérite le ministère pu-
« blic, qui a de bons appointements pour accuser

passages qui n'ont pas eu leur place dans la nouvelle. Les droits du barreau y sont revendiqués avec la plus grande énergie ; ceux qui les contestent sont traités avec la plus impitoyable sévérité.

« J'ai entendu des présidents, dit M. Dupin, dans le chapitre de
« la *libre défense des accusés*, répéter à chaque instant : *Vous avez*
« *toute latitude pour vous défendre; mais*,... et de *mais* en *mais*,
« la défense était accablée de restrictions et d'interruptions qui fa-
« tiguaient l'avocat, lassaient sa patience ou le troublaient au point
« de le réduire à se taire ou ne faire que balbutier. Depuis surtout
« qu'il a été mis à l'ordre du jour de déclamer contre les doctrines,
« de réprimer les doctrines, quelques présidents se sont empressés,
« comme à l'envi, d'interrompre les avocats, de les rabrouer, d'en-
« trer en réfutation avec eux sous prétexte de rétablir les saines
« doctrines. Il semble que le juge aurait été solidaire avec l'avocat,
« s'il l'eût laissé achever sans l'interrompre ! De là le trop vif em-
« pressement qu'on les a vus mettre à ces interruptions faites d'ail-
« leurs avec trop peu de sang-froid pour qu'on n'eût pas dû quel-
« quefois les attribuer au désir de faire parade de telle opinion »

Nous trouvons aussi dans une lettre écrite en 1753, dont M. Dupin adopte les conclusions, cette réflexion :

« Si les juges faisaient, ainsi qu'autrefois, les fonctions d'avocat
« et préféraient, pour user des termes de la loi, l'honneur d'être
« debout au barreau, au droit d'y être assis, il y en a plus d'un qui
« serait très-embarrassé, surtout ceux qui, comme dit Cicéron, *ad*
« *honores adipiscendos et ad rempublicam gerendam, venerunt*
« *nudi et inermes, nulla cognitione rerum, nulla scientia or-*
« *nati.* »

« dans l'intérêt de la société, on ne doit pas avoir
« moins d'égards pour l'homme qui se voue gra-
« tuitement à la défense de ses concitoyens, et
« dont le ministère est aussi nécessaire à l'accom-
« plissement de la justice que l'accusation même,
« puisque sans défense il ne peut y avoir de con-
« damnation légale. »

M. Daviel, dans un opuscule que M. Dupin a
compris dans son édition de 1852, dirigeait les
attaques les plus fortes contre l'ordonnance de
1822, et n'annonçait guère l'intention de se soumettre patiemment aux dispositions qui régle-
mentaient l'ordre des avocats. Il s'écriait avec le
poëte italien :

Siam servi, sì, ma servi ognor frementi.

Enfin M. Philippe Dupin rappelait en ces termes
à ceux qui étaient alors au pouvoir l'intérêt qu'ils
avaient, plus que d'autres, à faire respecter les
droits de la défense :

« O vous, disait-il, qui tenez les rênes du pou-
« voir, qui que vous soyez, respectez donc un
« droit protecteur de tous, un droit sans lequel il
« n'y a pas de justice assurée pour personne, un
« droit qui sera peut-être pour vous-mêmes une

« ancre de salut. *Les destins et les flots sont chan-*
« *geants.* Songez aux caprices de la fortune, et
« n'allez pas, modernes Poyets, vous exposer à ce
« qu'on vous dise quelque jour : *Patere legem*
« *quam ipse tuleris.* »

Grand enseignement, dont il est permis à nos
contemporains moins encore qu'à leurs devanciers de méconnaître la portée !

Avec quelle ardeur les avocats ne s'attaquaient-
ils pas alors à leur adversaire, l'organe du ministère public! En 1820, M. Dupin répondant à
M. de Vatimesnil, commença ainsi sa plaidoirie :

« Messieurs, je vous ferai d'abord remarquer
« ce que vous avez sans doute observé vous-mê-
« mes, que l'accusation a pris ici, dans la bouche
« du ministère public, un caractère de virulence
« que j'absous de toute mauvaise intention, mais
« qui n'en contraste pas moins, d'une manière
« affligeante, avec l'impartialité et le sang-froid
« qu'exige la fonction d'accusateur. »

En 1821, M. Berville défend Paul-Louis Cou-
rier devant le jury, et qualifie en ces termes l'accusation soutenue par M. de Broé[1]:

---

[1] « L'avocat général de Broé, magistrat instruit, éloquent, mo-
déré, qualité qui parfois ne donne que plus de force à la voix d'un
accusateur. » (Ph. Dupin.)

« Ici, je l'avoue, j'ai vainement cherché à
« deviner le système du ministère accusateur :
« il m'a été impossible de concevoir par quels
« arguments, je ne dis pas raisonnables, mais
« du moins soutenables, on pourrait trouver
« dans les pages incriminées un délit d'ou-
« trage à la morale publique ; et l'accusation
« doit à l'excès même de son absurdité l'avan-
« tage de surprendre son adversaire et de le
« trouver désarmé..... A défaut de la raison,
« qu'on ne peut convaincre, on cherche à sou-
« lever les passions ; au délit de la loi, qu'on ne
« peut établir, on s'efforce de substituer le délit
« d'opinion. »

Les avocats se considéraient donc comme les
égaux du ministère public à l'audience, et discutaient le réquisitoire avec la même liberté que la
plaidoirie d'un adversaire appartenant au barreau.
Quand cette égalité était contestée, les tribunaux
savaient la faire respecter.

En 1829, devant la cour d'assises de l'Allier,
l'organe du ministère public se permit de dire :
« L'avocat a avancé un fait faux.

L'avocat répond : « J'ai avancé le fait dont il s'a-
« git, comme une prétention de l'accusé, ce n'est

« donc point un mensonge ; et il me semble que
« M. l'avocat du roi, en me taxant de mensonge,
« a dépassé les limites de son droit : il a manqué
« à son devoir. » Aussitôt M. l'avocat du roi se
lève, et après un long réquisitoire où il rappelle
.le discours de l'avocat et le serment qu'il a prêté
de ne jamais rien dire contre la vérité, il conclut
à ce qu'il soit réprimandé. La cour, après en avoir
délibéré, dit qu'il n'y a pas lieu à donner suite à
ce réquisitoire.

La *Gazette des Tribunaux* du 10 novembre 1829,
à laquelle nous empruntons ce récit, l'accom-
pagne de ces réflexions :

« En présence du jury, les avocats ne sont-ils
« pas les égaux du ministère public, et y aurait-
« il témérité à taxer d'inconvenance le ton de su-
« périorité et de réprimande que MM. les gens du
« roi s'arrogent quelquefois, au milieu des dé-
«bats juridiques, à l'encontre des défenseurs ? Si
« les uns représentent la société pour accuser,
« les autres la représentent pour défendre, et le
« ministère de ces derniers n'est pas moins sacré
« que celui des premiers. »

Le profond respect de ce journal pour la magistrature est connu, son opinion montre donc

quelle unanimité régnait alors sur de semblables questions.

Les cours souveraines témoignaient au barreau les mêmes égards que les anciens parlements. Nous n'en donnons qu'un exemple[1]. En 1826 le courageux défenseur du héros de Hohenlinden était nommé conseiller à la cour de cassation. M. le premier président de Sèze (quels nobles souvenirs ce nom ne réveille-t-il pas!) saisit avec empressement cette occasion de rendre un hommage public à l'ordre des avocats dans la personne de M. Bonnet, son illustre représentant.

« Combien vous devez vous féliciter, lui dit-il
« en le recevant, d'avoir embrassé de bonne
« heure et exercé toujours cette belle profession,
« qui fait de la parole une si prodigieuse puis-
« sance, mais qu'on néglige trop aujourd'hui,
« dans laquelle on s'essaye à peine, dont la mol-
« lesse du siècle redoute trop les fatigues, qu'on
« se hâte de sacrifier à des places, et qui cepen-
« dant, lorsqu'on l'exerce avec éclat et dignité,
« devient elle-même votre récompense, vous con-
« duit à tous les honneurs, vous présente à toutes

_____

[1] *Gazette des Tribunaux* du 2 février 1826.

« les gloires et vous offre quelquefois même, dans
« des circonstances extraordinaires, la plus bril-
« lante de toutes, celle d'attaquer avec courage
« de grandes oppressions et de défendre avec
« toute l'énergie du dévouement les plus déplo-
« rables infortunes ! »

Les immunités de la défense s'étendaient alors
fort loin, comme on en peut juger par ce fragment
de la réplique de M. Dupin, dans l'affaire du *Journal des Débats*, poursuivi à raison du fameux
article : « *Malheureuse France! Malheureux roi!* »

« Quant à ces mots *baïonnettes intelligentes*, il n'y
« a là rien à reprendre. Oui, nos soldats actuels
« connaissent les lois; ce ne sont plus des reîtres,
« ce ne sont plus des hommes d'emprunt qui com-
« posent les armées ; ce sont des hommes fidèles
« au roi, et fidèles observateurs des lois de leur
« pays; soldats aujourd'hui, ils seront demain ci-
« toyens. A quoi leur servirait de voir augmenter
« leurs retraites, si c'était au prix du sacrifice de
« tous leurs droits, et si rentrés dans le foyer do-
« mestique on pouvait leur reprendre par des
« taxes illégales plus qu'on ne leur aurait donné?»
(Observation profonde.)

« Messieurs, ne faisons point de prétoriens ; au-

« jourd'hui pour le roi contre les lois, plus tard ils
« pourraient être pour un usurpateur contre le
« roi lui-même. Tenons-nous aux principes, l'ar-
« mée n'est instituée au dehors que pour la dé-
« fense du territoire, au dedans que pour assurer
« force à la justice et à la loi. Il faut employer les
« braves à *des choses faisables*, et l'on préférera
« toujours un Crillon à un Tavanne, un vicomte
« d'Orthez à ceux qui ne craignaient pas de se faire
« bourreaux.

« C'est un mauvais jeu que d'employer des sol-
« dats à faire des coups d'État : les coups d'État,
« qui sont *les séditions du pouvoir*, ne lui réus-
« sissent pas mieux contre les lois que les sédi-
« tions du peuple contre la royauté. Qu'on en soit
« bien convaincu, il n'est pour le roi comme pour
« les sujets qu'un seul moyen de vivre en paix,
« c'est de respecter les droits de chacun, loi et
« justice pour tous... Jamais, Messieurs, je n'ai eu
« plus de confiance dans votre arrêt. » (Mouvement très-vif d'approbation et applaudissements.
— Audience du 24 décembre 1829.)

Dans le discours de rentrée qu'il a prononcé au
tribunal de Marseille, en novembre 1850, M. Pas-
calis, alors procureur du roi, constatait en ces

termes la grande liberté dont le barreau avait joui sous la Restauration.

« En vain, disait-il, le pouvoir épuisait ses ri-
« gueurs sur de généreux écrivains, les *vérités*
« *utiles*, les *pensées hardies*, qu'il proscrivait contre
« eux étaient proclamées et répandues avec une
« nouvelle autorité par la défense qui les couvrait
« de son inviolabilité [1]. »

Si les tribunaux défendaient l'indépendance du barreau lorsqu'elle était contestée, ils avaient rarement à statuer sur des difficultés de ce genre, car les hommes qui étaient à la tête des parquets du royaume savaient, malgré l'ardeur qu'ils apportaient dans l'accomplissement de leurs fonctions, respecter les droits de la défense.

Nous pouvons le dire aujourd'hui sans contradiction, ce fut une grande époque dans l'histoire du ministère public que celle où l'on vit dans ses rangs les Bellart, les Broé, les Vatimesnil, et tant d'autres que nous ne pouvons nommer ici. Ces hommes, profondément dévoués à la cause de la monarchie, attachés à l'autorité royale par

[1] *Gazette des Tribunaux* du 17 novembre 1830.

des traditions encore toutes-puissantes, ont pu
être accusés d'avoir cédé parfois à de malheureux
entraînements. Mais quelle conviction sincère!
quelle foi politique! quelle science! quelle dignité! quel respect d'eux-mêmes! Tant de nobles
qualités suffiraient, aux yeux de l'histoire, pour
excuser bien des excès de zèle et des emportements regrettables. Quels sont d'ailleurs, parmi
leurs contemporains qui sont encore au milieu
de nous, ceux qui voudraient parler d'eux avec
sévérité? Ceux qui, en luttant contre eux, obéis-
saient à des convictions vraiment libérales, et
qui y sont restés fidèles, ceux-là savent estimer
des adversaires pleins de loyauté. Quant à ceux
qui, après s'être montrés si rigoureux à leur endroit, ont offert leur concours banal aux régimes
les plus opposés, ils ont perdu le droit d'accuser,
ils n'ont pas trop de toutes leurs forces pour se
défendre eux-mêmes. Lorsqu'une révolution ren-
versa l'antique dynastie qu'ils avaient servie avec
un dévouement très-désintéressé, la plupart des
magistrats du ministère public résignèrent noble-
ment leurs fonctions. Pourquoi nous faut-il ajouter
que quelques-uns de leurs successeurs furent assez
mal inspirés pour inaugurer leur entrée dans la

magistrature en adressant des outrages immérités à des ennemis vaincus et terrassés[1]!

Sous le gouvernement de Juillet, la question des rapports du ministère public et du barreau s'agita plusieurs fois.

A la fin de l'année 1833, la cour d'assises de la Seine avait à se prononcer sur une accusation de complot. MM. Raspail et Kersausie figuraient au nombre des accusés, qui étaient tous défendus par des avocats appartenant aux diverses nuances de l'opposition libérale. MM. Delangle, Michel (de Bourges), Pinard et Dupont étaient parmi les défenseurs.

Les débats soulevèrent les passions les plus vives; les accusés étaient en quelque sorte hors d'eux-mêmes, ils se sentaient soutenus par un auditoire composé presque entièrement d'amis dévoués jusqu'au fanatisme. Les avocats se trouvaient naturellement sous l'influence de toutes ces causes d'excitation.

Quelques différences furent signalées entre les documents produits à l'audience, et les énonciations de l'acte d'accusation signé par M. le procureur général Persil.

[1] Voir les discours de MM. Daviel et Mesnard, *Gazette des Tribunaux* de novembre 1830.

M. Dupont s'écrie : « Il y a eu falsification dans
« l'acte d'accusation. »

M. Pinard ajoute : « C'est un acte de faussaire.
« Si la personne qui a signé l'acte d'accusation, si
« l'auteur de cet acte a eu l'honneur d'appartenir
« au barreau, s'il a longtemps exercé la noble
« profession d'avocat, s'il a été voué au ministère
« sacré de la défense, il doit savoir qu'une pareille
« conduite l'aurait fait rayer du tableau. » L'avocat général requiert contre les deux défenseurs,
et sur ces réquisitions, tous les membres du barreau présents à l'audience déclarent qu'ils adhè-
rent aux paroles de leurs confrères. La cour, toutefois, calme au milieu de ces émotions, ne veut pas
priver les accusés de leur défense; elle joint l'incident au fond; les plaidoiries ont lieu et ne semblent guère de nature à atténuer la portée de
l'incident. Un avocat, entraîné par la vivacité de
la lutte, alla jusqu'à infliger à M. Persil la quali-
fication de Laubardemont, puis aggrava cet outrage par ces mots : « Laubardemont interprétait
et ne falsifiait pas. »

Les accusés sont tous acquittés. La cour d'assises reprend alors l'affaire des avocats. M. Delangle
défend ses confrères ; ira-t-il implorer la clémence

de la cour, cherchera-t-il à atténuer les attaques
si injurieuses dont le chef du parquet a été l'objet? Non; il couvre toutes ces paroles outrageantes
par les immunités de la défense.

« Comment s'exercera désormais le droit sacré
« de la défense, si les avocats sont obligés de re-
« courir à des précautions de paroles, à des mé-
« nagements qui ne feraient pas connaître leur
« profonde conviction? Si dans un acte d'accusa-
« tion il y a des inexactitudes matérielles, quelle
« sera donc la circonspection dont on devra user
« pour les signaler? quelle sera la limite de l'at-
« taque et celle de l'outrage? C'est dans l'acte d'ac-
« cusation que nous devons trouver le résumé de
« l'instruction. Si cet acte contient, je ne dirai
« pas des altérations, pour ne pas m'égarer moi-
« même, mais enfin des inexactitudes graves, le
« défenseur qui les signale ne pourra-t-il, sans
« crime, proférer quelque parole amère? A Dieu
« ne plaise que j'impute un mauvais vouloir au
« rédacteur de l'acte d'accusation : la vérité est
« qu'une phrase a été tronquée et qu'on ne
« pouvait s'empêcher de relever cette inexac-
« titude...

« S'il pouvait être prononcé une suspension

« contre M. Pinard, il n'y aurait plus de défense
« possible devant la cour d'assises.

« Qu'il me soit permis de dire un mot pour un
« confrère qui ne m'en avait pas chargé : lui fera-
« t-on un crime d'une expression trop énergique
« employée par lui dans une pareille circon-
« stance? Mais, en vérité, on pourrait dire, quoi-
« que cela n'ait pu entrer dans votre esprit, qu'il
« y a eu une sorte de rancune, et que, n'ayant pu
« atteindre les accusés, on a voulu atteindre les
« avocats. »

L'éminent avocat reproduit dans sa réplique
les mêmes doctrines avec la précision et la net-
teté qui donnaient tant de force à sa parole.

« Je n'accuse les intentions de personne, mais
« je comprends que si un homme énergique, ar-
« dent, passionné, vient prendre part aux débats
« dont le principe a été vicié par l'inexactitude,
« il puisse ressentir une colère légitime, et atta-
« quer avec rudesse ce qui pourrait nuire à l'ac-
« cusé dont il a accepté la défense.

« A combien plus forte raison en sera-t-il ainsi
« dans les accusations politiques ! Là, en général,
« l'avocat a des affinités avec les accusés : si l'on
« fait la guerre aux doctrines, c'est sa propre

« cause, c'est sa religion qu'il défend. Eh bien !
« un acte d'accusation aura été fait dans lequel
« les opinions du parti auquel il appartient sont
« vouées à la haine du pays ou à son mépris ; les
« inculpations les plus graves sont lancées; des
« inexactitudes que rien n'excuse ajoutent à l'â-
« preté de l'attaque et à ses dangers, et l'avocat,
« blessé dans ses sentiments les plus chers ne pourra
« pas élever la voix, comme la conscience le lui
« prescrit ! Il n'aura que des paroles molles et déco-
« lorées pour repousser les accusations injustes,
« car les faits dont elles sortent ont subi une
« transformation ! Messieurs, en revêtant la robe
« d'avocat, nous ne nous dépouillons pas de nos con-
« victions ; c'est par elles que nous valons quelque
« chose peut-être. Non, elles nous suivent à l'au-
« dience, et est-ce bien à celui qui en aura pro-
« voqué la manifestation énergique, violente
« même, est-ce à lui de se plaindre du mal qu'il
« a causé ?
    « Je n'admets pas, je n'admettrai jamais que le
« droit de défense se borne à de timides réfuta-
« tions, et que, si le besoin de la cause l'exige,
« l'avocat n'ait pas le droit d'attaquer ce qui lui
« semble blâmable. Le ministère de l'avocat, ré-

« duit aux proportions qu'a indiquées M. l'avocat
« général, est un ministère de déception et de
« servilité. »

Si la cour d'assises n'admit pas en fait le système de M. Delangle, elle en adopta le principe,
car elle s'attacha dans les considérants de son arrêt, à démontrer l'injustice des reproches adressés
à M. le procureur général Persil, et ne crut pas
devoir baser sa condamnation disciplinaire sur le
fait même de l'outrage. La cour de cassation, en
rejetant le pourvoi des avocats, se fonda sur ce
motif que l'arrêt avait « reconnu constant des
faits outre-passant les limites posées par les lois à
la défense, et outrageants pour un magistrat. »
Ainsi, la cour suprême comme la cour d'assises
se déterminait à frapper les avocats, moins à
cause de l'outrage que contenaient leurs paroles,
qu'à raison de l'inutilité bien constatée pour la
défense de ces attaques contre le procureur général. Mais ces deux cours se gardaient bien de dire
que l'avocat ne pouvait, en aucune façon, mettre
en cause la personne, les actes, les intentions ou
les passions du ministère public.

En 1844, de graves dissentiments s'élevaient
entre M. le premier président Séguier et l'ordre

des avocats de Paris, qui avait pour bâtonnier
M. Chaix d'Est-Ange, aujourd'hui procureur général impérial. M. Hébert alors procureur général, montra qu'il n'avait pas oublié le temps qu'il
avait passé au barreau ni les anciennes traditions
des gens du roi, et réussit, par l'esprit de conciliation qu'il déploya dans cette circonstance, à
rapprocher le premier président et le barreau.

Quelques années plus tard, à une époque de
grande tranquillité, la question de la nature des
rapports du ministère public et du barreau se
représente devant la cour d'assises de la Seine le
29 août 1846.

Dans une affaire qui intéressait l'administration
du timbre, au préjudice de laquelle certains dé-
tournements auraient été commis, M. Léon Duval,
avocat de l'un des accusés, avait, d'après M. l'avocat général Jallon, traité avec irrévérence l'accusation et l'avait taxée d'inhumanité et de passion.

M. d'Esparbés de Lussan, président de la cour
d'assises, crut devoir adresser quelques observations à l'avocat; il lui dit, avec beaucoup de courtoisie, qu'il s'était écarté des exemples des anciens
avocats, qui se gardaient d'entrer en lutte avec

le ministère public, et avaient soin de l'appeler l'accusation, et non M. l'avocat général.

Ému par une juste susceptibilité d'un blâme qu'il croyait mal fondé, M. Chaix d'Est-Ange, qui plaidait dans la même affaire, se crut obligé d'intervenir en qualité d'ancien bâtonnier. Il prononça ces paroles, pleines de mesure, qui nous semblent réfuter avec un rare bonheur tous les arguments des partisans de la doctrine que nous combattons.

« M. le président fait remarquer qu'autrefois « l'organe du ministère public n'était jamais « désigné par son titre, qu'on avait soin de l'ap- « peler *l'accusation* et non *M. l'avocat général.*

« J'ai été assez heureux pour entendre les hom- « mes dont il a parlé, Billecoq, Hennequin, « Dupin ; je n'ai jamais vu faire ces distinctions. « Ne fût-ce même que pour varier les formes du « langage, toujours j'ai entendu désigner l'organe « du ministère public par ce titre, qui est le « signe de ses fonctions, qu'il est fier de porter « et que nous ne pouvons pas cesser de lui « donner.

« Sans doute, dans ces luttes qui s'établissent « ici entre deux intérêts qui sont également dignes

« de protection, entre l'accusation qui est sacrée
« et la défense qui ne l'est pas moins, sans doute
« on s'anime de part et d'autre.

« Il y a là, et de notre côté surtout, un intérêt
« encore plus grave, encore plus pressant qu'un
« intérêt civil. On se laisse facilement entraîner
« sur cette pente, et, dans la chaleur de l'impro-
« visation, de part et d'autre on se laisse facile-
« ment aller à de vives paroles. Ce sont là les
« inconvénients mais aussi les nécessités de la
« lutte. *Il faut bien savoir, à moins qu'on ne soit in-*
« *faillible, les excuser et les comprendre* [1]. »

Enfin, il y a six ans au plus, un des avocats
les plus célèbres de l'un des premiers barreaux
de France constatait en ces termes les droits de
la défense, qu'il croyait contestés par le procureur
général de la cour devant laquelle il plaidait :
« Vous et moi nous plaidons, monsieur; nous
« sommes égaux, au talent près. »

Nous applaudirions sans réserve à cette fière
revendication des droits de la défense, si elle ne
se terminait par une réflexion d'une modestie
douteuse.

---

[1] *Gazette des Tribunaux* du 30 août 1846.

M. Chaix d'Est-Ange ne nous paraît pas apprécier tous ces précédents à leur juste valeur; il a
contre eux deux objections. La première est
celle-ci : « Il vaudrait peut-être mieux que de
« tels mots ne fussent pas dits. » Nous sommes
de cet avis. Si le ministère public et l'avocat
peuvent, sans nuire à la cause sacrée que défend
chacun d'eux, s'abstenir de toute parole irritante,
de toute réflexion amère, cela sera préférable;
mais si la nature de la cause exige davantage,
les deux parties auraient tort de compromettre,
par amour de la modération, les intérêts qui leur
sont confiés.

Ensuite M. Chaix d'Est-Ange nous paraît même
avoir une assez grande répugnance pour cette recherche « de prétendus précédents, dans des
« temps voisins du nôtre, qui ont servi à plusieurs
« au moins de leçon et d'exemple, mais qu'on
« pourrait se passer d'invoquer. Nous ne sommes
« plus dans ce milieu, comme on dit de nos jours;
« il n'y a plus rien autour de nous qui explique
« ou atténue les amertumes dont cette époque
« était coutumière. »

Nos lecteurs jugeront si, en pareille matière,
la citation de précédents est déplacée ou même

simplement inutile. Le milieu dans lequel nous
sommes n'est plus le même que celui où nos devanciers vivaient il y a dix ans; nul ne peut
être tenté de le contester. Mais ce changement
a-t-il pour effet de rendre les immunités de la
défense moins nécessaires? Nous ne le pensons
pas.

Quoi que puissent dire certaines personnes, il
y a bien des choses autour de nous qui expliquent
des amertumes au moins égales à celles que les
époques précédentes ont vues naître. Les partis
politiques n'ont pas abdiqué leur foi. Les souvenirs du passé ont conservé toute leur puissance,
les convictions persistent, les espérances même
sont aussi vives qu'à la première heure. Les déclarations officielles ne laissent point la place
au plus léger doute à cet égard. Les appréhen-
sions, les craintes, les susceptibilités du pouvoir
sont éveillées, et ne laissent échapper aucune
occasion de se manifester. La chaleur du zèle
qu'on apporte à soutenir le régime actuel, lorsqu'il y a des procès politiques, exige de la part
du barreau le maintien absolu de toutes ses franchises. Les avocats ont donc besoin de toutes les
libertés de la défense pour éclairer les juges sur

les conséquences possibles (quoique indépen-
dantes de leur volonté) des décisions qu'ils peuvent rendre [1].

Admettons que nous envisagions la situation
générale sous des couleurs trop sombres, que
la paix publique, malgré les alarmes de tant de
personnes, soit consolidée pour longtemps, et
n'ait pas besoin de toutes les mesures exceptionnelles à l'aide desquelles on la protége; nous ne
croyons pas, quant à nous, qu'il y ait lieu de
renoncer aux garanties données par les lois à la
défense des citoyens. Il n'est pas de gouvernement qui, au milieu de la paix la plus profonde,
n'entretienne un état militaire considérable pour
ne pas être surpris par les éventualités de guerre
et pour pouvoir entrer immédiatement en cam-
pagne. C'est aussi au milieu du calme et de la
tranquillité publique que les garanties des droits

---

[1] Le gouvernement n'a pas pensé que les lois de 1852, conçues
dans un sens si favorable pourtant au principe d'autorité, pouvaient
lui suffire. Il a dû solliciter des pouvoirs publics une loi plus rigoureuse encore, qui permet à l'administration d'expulser ou d'interner
des citoyens appartenant à certaines catégories, et condamnés quelquefois par l'autorité judiciaire à des peines fort légères. Des circonstances exceptionnelles peuvent seules motiver de semblables
mesures. C'est ce qu'explique à merveille l'exposé des motifs de la
loi de sûreté de 1858, signé par MM. Boinvilliers, Duvergier, Lan-
glais et Chaix d'Est-Ange, tous membres du conseil d'État.

de chacun doivent être reconnues et respectées
pour conserver toute leur efficacité dans des temps
de trouble. Au milieu des ruines qui jonchent le
sol de notre France, je ne sache personne d'assez
téméraire pour affirmer de bonne foi que le jour
des épreuves est à jamais passé. La Providence
peut permettre le retour de ces temps d'anarchie
où le pays a un si grand besoin de toutes les forces
sociales ; il faut donc éviter tout ce qui pourrait
les énerver. Si de nouveaux Fouquier-Tainville
devaient surgir, si les représentants d'une masse
ignorante venaient à remplacer nos magistrats,
ne faudrait-il pas des de Sèze, des Chauveau-
Lagarde et des Bellart pour combattre les uns et
éclairer les autres ?

CHAPITRE V

Le barreau français remplit donc le plus nécessaire de ses devoirs en revendiquant avec énergie
les immunités de la défense. Il ne peut, sur de
pareilles questions, exister de divisions dans son
sein; aucun de ceux qui ont l'honneur de porter
la robe ne consentirait, nous en avons la ferme
conviction, à des capitulations de conscience qui
reposeraient sur la violation du plus libre des
serments. Le mépris public, qui a puni les transfuges qui s'inclinèrent devant le coup d'État victorieux du chancelier Maupeou, le sentiment du
devoir que de nobles traditions gravent si profondément dans le cœur de l'avocat, aideront l'ordre
à surmonter des épreuves que nous ne voulons
pas prévoir.

Le barreau, en défendant ses droits et ses priviléges, n'est pas dirigé par un sentiment hostile
envers la magistrature, dont tous les membres
sont sortis de son sein. Il n'a rien oublié de ses
anciennes maximes, il sait que s'il doit avant
toute chose sauvegarder son indépendance, il doit
aussi, comme le lui recommandait au quatorzième
siècle le courageux Jean Desmarets, « acquérir et
garder l'amour du juge. » Mais il ne se rendra
digne de l'affection des magistrats qu'en méritant
leur estime par le soin jaloux avec lequel il con-
servera sa propre dignité. Le respect d'un homme
décidé à reculer devant toute faiblesse et devant
toute humiliation est bien précieux pour celui qui
en est l'objet. Quelle valeur, au contraire, un magistrat peut-il attacher aux démonstrations obsé-
quieuses de l'homme qui courtise la puissance
sous toutes ses formes, et qui s'incline devant la
force plutôt que devant la justice ?

Le ministère public, de son côté, s'honorera
en croyant, comme par le passé, qu'il peut lutter
à armes égales contre le barreau ; les avocats
lui témoignent toute leur déférence, en soutenant qu'il n'a pas besoin de priviléges spéciaux
pour faire respecter sa personne ou pour faire

prévaloir les intérêts généraux de la société confiés à sa garde.

Le barreau donne un témoignage éclatant de son dévouement à la chose publique et de sa vénération pour la magistrature assise, par la persistance avec laquelle il réclame l'entière liberté des débats qui préparent les décisions de celle-ci. Les erreurs judiciaires sont heureusement fort rares, mais il en arrive parfois d'irréparables. Elles renferment de graves enseignements pour le juge et pour l'avocat. La conscience de l'un ne peut être tranquille que lorsqu'il a tout dit, celle de l'autre que lorsqu'il a tout écouté.

APPENDICE

N° 1.

DISCOURS PRONONCÉ PAR D'AGUESSEAU EN 1693 SUR L'INDÉPENDANCE DE L'AVOCAT.

« Tous les hommes aspirent à l'indépendance ; mais cet heureux état, qui est le but et la fin de leurs désirs, est celui dont ils jouissent le moins.

« Avares de leurs trésors, ils sont prodigues de leurs libertés ; et pendant qu'ils se réduisent dans un esclavage volontaire, ils accusent la nature d'avoir formé en eux un vœu qu'elle ne contente jamais.

« Ils cherchent, dans les objets qui les environnent, un bien qu'ils ne peuvent trouver que dans eux-mêmes, et ils demandent à la fortune un présent qu'ils ne doivent attendre que de la vertu.

« Trompés par la fausse lueur d'une liberté apparente, ils éprouvent toute la rigueur d'une véritable tyrannie. Malheureux par la vue de ce qu'ils n'ont pas, sans être heureux par la jouissance de ce qu'ils possèdent, toujours esclaves, parce qu'ils désirent toujours,

leur vie n'est qu'une longue servitude, et ils arrivent à
son dernier terme avant que d'avoir senti les premières
douceurs de la liberté.

« Les professions les plus élevées sont les plus dépen-
dantes ; et, dans le temps même qu'elles tiennent tous
les autres états soumis à leur autorité, elles éprouvent
à leur tour cette sujétion nécessaire à laquelle l'ordre
de la société a réduit toutes les conditions.

« Celui que la grandeur de ses emplois élève au-dessus des autres hommes reconnaît bientôt que le premier
jour de sa dignité a été le dernier jour de son indépendance.

« Il ne peut plus se procurer aucun repos qui ne soit
fatal au public ; il se reproche les plaisirs les plus innocents, parce qu'il ne peut plus les goûter que dans
un temps consacré à son devoir.

« Si l'amour de la justice, si le désir de servir sa patrie peuvent le soutenir dans son état, ils ne peuvent
l'empêcher de sentir qu'il est esclave, et de regretter
ces jours heureux, dans lesquels il ne rendait compte
de son travail et de son loisir qu'à lui-même.

« La gloire fait porter des chaînes plus éclatantes à
ceux qui la cherchent dans la profession des armes ;
mais elles ne sont pas moins pesantes, et ils éprouvent
la nécessité de servir dans l'honneur même du comman-
dement.

« Il semble que la liberté, bannie du commerce des
hommes, ait quitté le monde qui la méprisait ; qu'elle
ait cherché un port et un asile assuré dans la solitude,
où elle n'est connue que d'un petit nombre d'orateurs
qui ont préféré la douceur d'une liberté obscure aux
peines et aux dégoûts d'une illustre servitude.

« Dans cet assujettissement presque général de toutes

les conditions, un ordre aussi ancien que la magistrature, aussi noble que la vertu, aussi nécessaire que la
justice, se distingue par un caractère qui lui est propre;
et seul entre tous les états, il se maintient toujours dans
l'heureuse et paisible possession de son indépendance.

« Libre sans être inutile à sa patrie, il se consacre au
public sans en être esclave; et, condamnant l'indiffé-
rence d'un philosophe qui cherche l'indépendance dans
l'oisiveté, il plaint le malheur de ceux qui n'entrent
dans les fonctions publiques que par la perte de leur
liberté.

« La fortune le respecte; elle perd tout son empire
sur une profession qui n'adore que la sagesse; la prospérité n'ajoute rien à son bonheur, parce qu'elle n'a-
joute rien à son mérite; l'adversité ne lui ôte rien,
parce qu'elle lui laisse toute sa vertu.

« Si elle conserve encore des passions, elle ne s'en
sert plus que comme d'un secours utile à la raison; et,
les rendant esclaves de la justice, elle ne les emploie
que pour en affermir l'autorité.

« Exempte de toute sorte de servitudes, elle arrive
à la plus grande élévation, sans perdre aucun des droits
de sa première liberté; et, dédaignant tous les ornements
inutiles à la vertu, elle peut rendre l'homme noble sans
naissance, riche sans biens, élevé sans dignités, heureux sans le secours de la fortune.

« Vous qui avez l'avantage d'exercer une profession
si glorieuse, jouissez d'un si rare bonheur, connaissez
toute l'étendue de vos priviléges, et n'oubliez jamais
que, comme la vertu est le principe de votre indépendance, c'est elle qui l'élève à la dernière perfection.

« Heureux d'être dans un état où faire sa fortune et
faire son devoir ne sont qu'une même chose, où le mé-

rite et la gloire sont inséparables , où l'homme, unique
auteur de son élévation, tient tous les autres hommes
dans la dépendance de ses lumières, et les force de rendre hommage à la seule supériorité de son génie.

« Ces distinctions, qui ne sont fondées que sur le ha-
sard de la naissance, ces grands noms dont l'orgueil du
commun des hommes se flatte, et dont les sages
mêmes sont éblouis, deviennent des secours inutiles
dans une profession dont la vertu fait toute la noblesse,
et dans laquelle les hommes sont estimés, non par ce
qu'ont fait leurs pères, mais par ce qu'ils font eux-
mêmes.

« Ils quittent, en entrant dans ce corps célèbre, le
rang que les préjugés leur donnaient dans le monde,
pour reprendre celui que la raison leur donne dans l'ordre de la nature et de la vérité.

« La justice, qui leur ouvre l'entrée du barreau, ef-
face jusqu'au souvenir de ces différences injurieuses à
la vertu et ne distingue plus que par le degré du mérite
ceux qu'elle appelle également aux fonctions d'un même
ministère.

« Les richesses peuvent orner une autre profession;
mais la nôtre rougirait de leur devoir son éclat. Élevés
au comble de la gloire, vous vous souvenez encore que
vous n'êtes souvent redevables de vos plus grands honneurs qu'aux généreux efforts d'une vertueuse médio-
crité.

« Ce qui est un obstacle dans les autres états devient
un secours dans le nôtre. Vous mettez à profit les injures
de la fortune, le travail vous donne ce que la nature
vous a refusé, et une heureuse adversité a souvent fait
éclater un mérite qui aurait vieilli sans elle dans le repos obscur d'une longue prospérité.

« Affranchis du joug de l'avarice, vous aspirez à des biens qui ne sont point soumis à sa domination. Elle peut à son gré disposer des honneurs ; aveugle dans ses choix, confondre tous les rangs et donner aux richesses les dignités qui ne sont dues qu'à la vertu ; quelque grand que soit son empire, ne craignez pas qu'il s'étende jamais sur votre profession.

« Le mérite, qui en est l'unique ornement, est le seul bien qui ne s'achète point ; et le public, toujours libre dans son suffrage, donne la gloire et ne la vend jamais.

« Vous n'éprouvez ni son inconstance ni son ingratitude ; vous acquérez autant de protecteurs que vous avez de témoins de votre éloquence ; les personnes les plus inconnues deviennent les instruments de votre grandeur ; et pendant que l'amour de votre devoir est votre unique ambition, leurs voix et leurs applaudissements forment cette haute réputation que les places les plus éminentes ne donnent point. Heureux de ne devoir ni les dignités aux richesses ni la gloire aux dignités !

« Que cette élévation est différente de celle que les hommes achètent au prix de leur bonheur, et souvent même de leur innocence ! Ce n'est point un tribut forcé que l'on paye à la fortune par bienséance ou par nécessité ; c'est un hommage volontaire, une préférence naturelle que les hommes rendent à la vertu et que la vertu seule a droit d'exiger d'eux.

« Vous n'avez pas à craindre que l'on confonde, dans les honneurs que l'on vous rend, les droits du mérite avec ceux de la dignité, ni que l'on accorde aux emplois le respect que l'on refuse à la personne ; votre grandeur est toujours votre ouvrage, et le public n'admire en vous que vous-mêmes.

« Une gloire si éclatante ne sera pas le fruit d'une longue servitude ; la vertu dont vous faites profession n'impose à ceux qui la suivent d'autres lois que celle de l'aimer, et sa possession, quelque précieuse qu'elle soit, n'a jamais coûté que le désir de l'obtenir.

« Vous n'aurez point à regretter des jours vainement perdus dans les voies pénibles de l'ambition, des services rendus aux dépens de la justice, et justement payés par le mépris de ceux qui les ont reçus.

« Tous vos jours sont marqués par les services que vous rendez à la société. Toutes vos occupations sont des exercices de droiture et de probité, de justice et de religion. La patrie ne perd aucun des moments de votre vie ; elle profite même de votre loisir, et elle jouit des fruits de votre repos.

« Le public, qui connaît quel est le prix de votre temps, vous dispense des devoirs qu'il exige des autres hommes ; et ceux dont la fortune entraîne toujours après elle une foule d'adorateurs viennent déposer chez vous l'éclat de leur dignité pour se soumettre à vos décisions et attendre de vos conseils la paix et la tranquillité de leurs familles.

« Quoique rien ne semble plus essentiel aux fonctions de votre ministère que la sublimité des pensées, la noblesse des expressions, les grâces extérieures et toutes les grandes qualités dont le concours forme la parfaite éloquence, ne croyez pourtant pas que votre réputation soit absolument dépendante de tous ces avantages ; et quand même la nature vous aurait envié quelqu'un de ces talents, ne privez pas le public du secours qu'il a droit d'attendre de vous.

« Ces talents extraordinaires, cette grande et sublime éloquence, sont des présents du ciel, qu'il n'accorde que

rarement. On trouve à peine un orateur parfait dans
une longue suite d'années ; tous les siècles n'en ont pas
produit, et la nature s'est reposée longtemps après avoir
formé les Cicéron et les Démosthène.

« Que ceux qui ont reçu ce glorieux avantage jouissent d'une si rare félicité, qu'ils cultivent ces semences
de grandeur qu'ils trouvent dans leur génie, qu'ils joignent les vertus acquises aux talents naturels, qu'ils do-
minent dans le barreau, et qu'ils fassent revivre dans
nos jours la noble simplicité d'Athènes, et l'heureuse fé-
condité de l'éloquence de Rome.

« Mais si les premiers rangs sont dus à leurs grandes
qualités, on peut vieillir avec honneur dans les seconds,
et, dans cette illustre carrière, il est glorieux de suivre
ceux même qu'on n'espère pas d'égaler.

« Disons enfin, à la gloire de votre ordre, que l'éloquence même, qui paraît son plus riche ornement, ne
vous est pas toujours nécessaire pour arriver à la plus
grande élévation ; et le public, juste estimateur du mérite, a fait voir, par d'illustres exemples, qu'il savait
accorder la réputation des plus grands avocats à ceux
qui n'avaient jamais aspiré à la gloire des orateurs.

« La science a ses couronnes aussi bien que l'éloquence. Si elles sont moins brillantes, elles ne sont pas
moins solides; le temps, qui diminue l'éclat des unes,
augmente le prix des autres. Ces talents, stériles pendant les premières années, rendent avec usure, dans un
âge plus avancé, ce qu'ils refusent dans la jeunesse, et
votre ordre ne se vante pas moins des grands hommes
qui l'ont enrichi par leur érudition que de ceux qui
l'ont orné par leur éloquence.

« C'est ainsi que, par des routes différentes, mais
toujours également assurées, vous arrivez à la même

grandeur ; et ceux que les moyens ont séparés se réunissent dans la fin.

« Parvenus à cette élévation qui, dans l'ordre du mérite, ne voit rien au-dessus d'elle, il ne vous reste plus, pour ajouter un dernier caractère à votre indépendance, que d'en rendre hommage à la vertu de qui vous l'avez reçue.

« L'homme n'est jamais plus libre que lorsqu'il assujettit ses passions à la raison, et sa raison à la justice. Le pouvoir de faire le mal est une imperfection et non pas un caractère essentiel de notre liberté, et elle ne recouvre sa véritable grandeur que lorsqu'elle perd cette triste capacité qui est la source de toutes les disgrâces.

« Le plus libre et le plus indépendant de tous les êtres n'est tout-puissant que pour faire le bien ; son pouvoir infini n'a point d'autres bornes que le mal.

« Les plus nobles images de la Divinité, les rois, que l'Écriture appelle les dieux de la terre, ne sont jamais plus grands que lorsqu'ils soumettent toute leur grandeur à la justice, et qu'ils joignent au titre de maître du monde celui d'esclave de la loi.

« Dompter par la force des armes ceux qui n'ont pu souffrir le bonheur d'une paix que la seule modération du vainqueur leur avait accordée ; résister aux efforts d'une ligue puissante de cent peuples conjurés contre sa grandeur ; forcer des princes jaloux de sa gloire d'admirer la main qui les frappe et de louer les vertus qu'ils haïssent ; agir également partout, et ne devoir ses victoires qu'à lui-même, c'est le portrait d'un héros, et ce n'est encore qu'une idée imparfaite de la vertu d'un roi.

« Être aussi supérieur à sa victoire qu'à ses ennemis,

ne combatre que pour faire triompher la religion, ne
régner que pour couronner la justice, donner à ses désirs des bornes moins étendues que celles de sa puissance, et ne faire connaître son pouvoir à ses sujets que
par le nombre de ses bienfaits ; être plus jaloux du nom
de père de la patrie que du titre de conquérant, et moins
sensible aux acclamations qui suivent ses triomphes
qu'aux bénédictions du peuple soulagé dans la misère,
c'est la parfaite image de la grandeur d'un prince, c'est
ce que la France admire, c'est ce qui fait son indépendance dans la guerre et ce qui fera un jour son bonheur
dans la paix.

« Tel est le pouvoir de la vertu ; c'est elle qui fait régner les rois, qui élève les empires, et qui, dans toutes
sortes d'états, ne rend l'homme parfaitement libre que
lorsqu'elle l'a rendu parfaitement soumis aux lois de son
devoir.

« Vous donc qui, par une heureuse prérogative, avez
reçu du ciel le riche présent d'une entière indépendance,
conservez ce précieux trésor, et si vous êtes véritablement jaloux de votre gloire, joignez la liberté de votre
cœur à celle de votre profession.

« Moins dominés par la tyrannie des passions que le
commun des hommes, vous êtes plus esclaves de la raison, et la vertu acquiert autant d'empire sur vous que
la fortune en a perdu.

« Vous marchez dans une route élevée, mais envi-
ronnée de précipices, et la carrière où vous courez est
marquée par les chutes illustres de ceux qu'un sor-
dide intérêt et un amour déréglé de leur indépendance
a précipités du comble de la gloire à laquelle ils étaient
parvenus.

« Les uns, indignes du nom d'orateurs , ont fait

7

de l'éloquence un art, mercenaire, et se réduisant les premiers en servitude, ils ont rendu le plus célèbre des états esclave de la plus servile de toutes les passions.

« Le public a méprisé ces âmes vénales, et la perte de leur fortune a été la juste punition de ceux qui avaient sacrifié toute leur gloire à l'avarice.

« D'autres, insensibles à l'amour des richesses, n'ont pu être maîtres d'eux-mêmes. Leur esprit, incapable de discipline, n'a jamais pu plier sous le joug de la règle. Non contents de mériter l'estime, ils ont voulu l'enlever.

« Flattés par la grandeur de leurs premiers succès, ils se sont aisément persuadé que la force de leur éloquence pouvait être supérieure à l'autorité de la loi.

« Singuliers dans leurs décisions, pleins de jalousie contre leurs confrères, de dureté pour leurs clients, de mépris pour tous les hommes, ils ont fait acheter leurs voix et leurs conseils au prix de toute la bizarrerie d'un esprit qui ne connaît d'autres règles que les mouvements inégaux de son humeur et les saillies déréglées de son imagination.

« Quelque grande réputation qu'ils aient acquise par leurs talents extraordinaires, la gloire la plus solide a manqué à leurs travaux ; s'ils ont pu dominer sur les esprits, ils n'ont jamais pu se rendre maîtres des cœurs. Le public admirait leur éloquence, mais il craignait leur caprice ; et tout ce que l'on peut dire de plus favorable pour eux, c'est qu'ils ont eu de grandes qualités, mais qu'ils n'ont pas été de grands hommes.

« Craignez ces exemples fameux, et ne vous flattez pas de pouvoir jouir de la véritable liberté à laquelle vous aspirez, si vous ne méritez ce bonheur par le parfait accomplissement de vos devoirs.

« Vous êtes placés, pour le bien public, entre le tumulte des passions humaines et le trône de la justice ; vous portez à ses pieds les vœux et les prières des peuples ; c'est par vous qu'ils reçoivent ses décisions et ses oracles ; vous êtes également redevables et aux juges et à vos parties, et c'est ce double engagement qui est le principe de toutes vos obligations.

« Respectez l'empire de la loi, ne la faites jamais servir, par des couleurs plus ingénieuses que solides, aux intérêts de vos clients ; soyez prêts de lui sacrifier non-seulement vos biens et votre fortune, mais ce que vous avez de plus précieux, votre gloire et votre réputation.

« Apportez aux fonctions du barreau un amour de la justice digne des plus grands magistrats : consacrez à son service toute la grandeur de votre ministère, et n'approchez jamais de ce tribunal auguste, le plus noble séjour qu'elle ait sur la terre, qu'avec un saint respect qui vous inspire des pensées et des sentiments aussi proportionnés à la dignité des juges qui vous écoutent, qu'à l'importance des sujets que vous y traitez.

« Vous ne devez pas moins de vénération aux ministres de la justice qu'à la justice même ; travaillez à mériter leur estime, considérez-les comme les véritables distributeurs de cette gloire parfaite qui est l'objet de vos désirs, et regardez leur approbation comme la plus solide récompense de vos travaux.

« Également élevés au-dessus des passions et des préjugés, ils sont accoutumés à ne donner leur suffrage qu'à la raison, et ils ne forment leur jugement que sur la lumière toujours pure de la simple vérité.

« S'ils sont encore susceptibles de quelque prévention, c'est de ce préjugé avantageux que la probité
reconnue de l'avocat fait naître en faveur de sa partie.
Servez-vous de cet innocent artifice pour concilier leur
attention et pour attirer leur confiance.

« Ne vous flattez jamais du malheureux honneur d'a-
voir obscurci la vérité; et, plus sensibles aux intérêts
de la justice qu'au désir d'une vaine réputation, cher-
chez plutôt à faire paraître la bonté de votre cause que
la grandeur de votre esprit.

« Que le zèle que vous apporterez à la défense de vos
clients ne soit pas capable de vous rendre les ministres
de leurs passions et les organes de leur malignité secrète, qui aime mieux nuire aux autres que d'être utile
à soi-même, et qui est plus occupée du désir de se venger que du soin de se défendre.

« Quel caractère peut être plus indigne de la gloire
d'un ordre qui met tout son bonheur dans son indépendance, que celui d'un homme qui est toujours agité par
les mouvements empruntés d'une passion étrangère,
qui s'apaise et s'irrite au gré de sa partie, et dont l'éloquence est l'esclave d'une expression satirique qui le
rend toujours odieux et souvent méprisable à ceux même
qui lui applaudissent ?

« Refusez à vos parties, refusez-vous à vous-mêmes
le plaisir inhumain d'une déclamation injurieuse : bien
loin de vous servir des armes du mensonge et de la calomnie, que votre délicatesse aille jusqu'à supprimer
même des reproches véritables, lorsqu'ils ne font que
blesser vos adversaires sans être utiles à vos parties ; ou
si leur intérêt vous force à les expliquer, que la retenue
avec laquelle vous les proposerez soit une preuve de
leur vérité, et qu'il paraisse au public que la nécessité

de votre devoir vous arrache avec peine ce que la modération de votre esprit souhaiterait de pouvoir dissimuler.

« Ne soyez pas moins éloignés de la basse timidité d'un
silence pernicieux à vos parties que de la licence aveugle
d'une satire criminelle ; que votre caractère soit toujours celui d'une généreuse et sage liberté.

« Que les faibles et les malheureux trouvent dans
votre voix un asile assuré contre l'oppression et la violence, et dans ces occasions dangereuses, où la fortune
veut éprouver ses forces contre votre vertu, montrez-lui
que vous êtes non-seulement affranchis de son pouvoir,
mais supérieurs à sa domination.

« Quand, après avoir passé par les agitations et les
orages du barreau, vous arrivez enfin à ce port heureux
où, supérieurs à l'envie, vous jouissez en sûreté de toute
votre réputation, c'est le temps où votre liberté reçoit
un nouvel accroissement et où vous devez en faire un
nouveau sacrifice au bien public.

« Arbitres de toutes les familles, juges volontaires
des plus célèbres différends, tremblez à la vue d'un si
saint ministère, et craignez de vous en rendre indignes
en conservant encore ce zèle trop ardent, cet esprit de
parti, cette prévention autrefois nécessaire pour la défense de vos clients.

« Laissez, en quittant le barreau, ces armes qui ont
remporté tant de victoires dans la carrière de l'éloquence ; oubliez cette ardeur qui vous animait lorsqu'il
s'agissait de combattre et non pas de décider du prix ;
et quoique votre autorité ne soit fondée que sur un choix
purement volontaire, ne croyez pas que votre suffrage
soit dû à celui qui vous a choisis, et soyez persuadés que
votre ministère n'est distingué de celui des juges que
par le caractère, et non par les obligations.

« Sacrifiez à de si nobles fonctions tous les moments de votre vie : vous êtes comptables envers la patrie de tous les talents qu'elle admire en vous ; et tant que vos forces peuvent vous le permettre, c'est une espèce d'impiété de refuser à vos concitoyens un secours aussi utile pour eux qu'il est glorieux pour vous.

« Enfin, si, dans une extrême vieillesse, votre santé affaiblie par les efforts qu'elle a faits pour le public, ne souffre pas que vous lui consacriez le reste de vos jours, vous goûterez alors cette paix durable, cette paix intérieure, qui est la marque de l'innocence et le prix de la sagesse ; vous jouirez de la gloire d'un orateur et de la tranquillité d'un philosophe ; et si vous êtes attentifs à observer le progrès de votre élévation, vous reconnaîtrez que l'indépendance de la fortune vous a élevés au-dessus des autres hommes, et que la dépendance de la vertu vous a élevés au-dessus de vous-mêmes. »

N° 2.

LA PROFESSION D'AVOCAT ET LES FONCTIONS PUBLIQUES

I

**Lettre d'Étienne Pasquier à M. de Basmaison,
avocat au siége présidial de Riom.**

Il dissuade à un sien ami de quitter l'état d'advocat pour prendre un office de judicature.

« Votre gendre, present porteur, vous pourra dire en

quel estat il m'a trouvé lorsqu'il m'est venu demander
de vous escrire. J'estois en mon lict entre sept et huit,
donnant cours à mes pensées : vray que c'estoit un jour
de dimanche. A quel propos tout cela ? Pour vous ramen-
tevoir la liberté de nos estats, par le moyen desquels
combien il semble que soyons obligez au public, si ne
prenons-nous de cette obligation que tant et si peu qu'il
nous plaist, sans estre astraincts à certaines heures,
comme sont ceux qui sont appelez aux estats. Je croy
que vous pouvez penser pourquoy je vous escris cecy.
Pauvre malheureux que vous estes, quelle opinion nouvelle d'ambition est-ce qui vous a surpris, de vouloir
quitter cette belle qualité d'advocat, en laquelle vous
estes roy en vostre ville, pour entrer sous un nouveau
joug de servitude de juge ? Il y a trente ans et plus que
vous tenez l'un des premiers lieux entre ceux de nostre
ordre en vostre païs ; estant chery et aimé des grands,
respecté du commun peuple, vivant en une honneste
liberté, sans alteration de votre conscience ; et maintenant qu'estes arrivé sur l'âge, desirez, ainsçois ambitieu-
sement poursuivez d'estre Lieutenant de Province.

« C'est pour procurer à ma vieillesse un repos (dites-
vous) et advancer ma famille. O imaginaires discours,
dont nous nous trompons aisement, quand nous cha-
touillons nos pensées de quelque rare ambition ! Que
vous pensiez que voguant au milieu des flots, vous soyez
arrivé au port ! Estant advocat du commun, votre fortune despend de vous et de votre fonds ; estant appelé à
cet estat, vous dependrez desormais des grands, qui le
vous auront octroyé ; et si ne satisfaictes à leurs opinions, vous perdez à cet instant toutes leurs bonnes
graces, ainsi que nous voyons un estourbillon estre enlevé
par le vent. Quand je vous voy tenir ce party, vous me

faites souvenir du roy d'Egypte Ptolemée, lequel estant
anciennement en mauvais mesnage avecque ses subjets,
desira d'aller à Rome demander secours, estimant avoir
plusieurs intelligences avec les grands et potentats, par
le moyen desquelles il viendroit au-dessus de ses adversaires; lequel se trouvant dans Chypre avec Caton, il fut
par lui dissuadé de ce faire ; luy remonstrant que quand
il seroit dans la ville, tel qui le cherissoit par lettres ne
feroit pas semblant de le cognoistre, et qu'il y trouve-
roit tant d'espines, qu'enfin il voudroit n'y estre arrivé ;
luy conseillant par ces causes, sans aller à Rome, de se
reconcilier avec ses subjets : toutesfois, n'ayant voulu
croire ce grand personnage, il prit la route de Rome, où
il trouva, mais à tard que ce qui luy avoit esté predit luy
estoit advenu. Je ne suis point un Caton, mais je prevoy
que si vous sortez de votre royaume il vous adviendra le
semblable : pour cette cause, je seray toujours d'advis
que vous vous reconciliiez avec vous-mesme, et repre-
niez vostre vieille route, et surtout estimiez que si vostre
estat estoit venal, il y a tel qui en voudroit bailler trois
et quatre fois plus d'argent que de l'office que souhaitez.
J'adjoustrois volontiers que c'est un estat nouveau, in-
troduit au mescontentement de tous vos juges de Riom
et plusieurs autres particularitez, si ma lettre les pouvoit porter ; mais je me suis levé tard, et le messager me
presse ; et toutesfois, pour vous contenter, j'ay parlé à
ceux que je pensois pouvoir faire pour vous et dont
m'avez escrit, entre lesquels l'un des premiers seigneurs
de nostre cour, vous y faict de bien bons offices : quel
sera l'evenement, je ne le puis dire, ayant les obstacles
qu'y avez. D'une chose me consolé-je, parce que de quelque façon que ceste affaire tourne, vous demeurerez le
victorieux, car si vous obtenez selon votre intention, vous

aurez victoire de ce que vous desirez, si au contraire vous
en estes esconduit, vous rapporterez une autre victoire
de ce que devez desirer. Advertissement que je vous prie
de prendre de moy, vostre ancien amy, comme fait le
malade une medecine qui luy est amère en la prenant,
et luy cause quelque temps des tranchées, mais en après
produit de beaux effects de guerison. Je seray non-seulement vostre medecin, mais encore, passant plus outre,
je feray ici l'astrologue ; car voyant que l'on tire les
choses en longueur, je prognostique que l'on trouvera
tant d'obscuritez en ce nouvel establissement de siege
presidial de Clermont, que ceux qui ont esté les premiers
autheurs et promoteurs trouveront, à la longue, plus
expedient de laisser (comme l'on dict) le moustier où il
estoit. Le partage estoit beau entre les trois principales
villes de vostre pays ; que la ville de Clermont reluisist
pour son esglise pour y estre establi le siege de l'evesché,
celle de Riom par le siege presidial, et qu'à la ville de
Montferrand on eust attribué le mesnage et charge des
tailles. Au demeurant je suis très-aise de la bonne part
qu'avez eue en nos grands jours de Clermont, et n'en
ay esté de rien trompé ; vous souvient aussi des deniers
qu'avez prestez à mon fils, que j'ay remplacez, suivant
vostre mandement, par le vostre. A Dieu. »

II

M. Dupin, deux siècles plus tard, montrait comment
la profession d'avocat assurait à ceux qui l'exerçaient
une indépendance bien difficile, suivant lui, à trouver
dans les fonctions publiques :

« Après avoir vu, écrivait-il dans sa préface des *Lettres sur la profession d'avocat*, tant de révolutions diverses, tant de grandes fortunes précipitées dans la disgrâce, tant d'hommes méprisables élevés aux premières places ; en observant la basse adulation des solliciteurs, la complaisance dévouée des parvenus, les angoisses des principaux dignitaires et leurs soucis pour se maintenir en dignité ; tout ce qu'il a fallu souvent de dégradation, d'intrigue et de délation pour atteindre aux emplois ; les perplexités où chaque mutation de gouvernement a jeté la plupart des fonctionnaires ; les variations reprochées à quelques-uns d'entre eux ; les excès auxquels plusieurs se sont livrés, dans l'espoir de faire oublier ou pardonner des excès antérieurs : quel est l'avocat qui ne s'estime heureux de n'avoir jamais été qu'avocat, défendant les malheureux de tous les temps, les victimes de tous les partis, se mettant sur la voie de tous les principes, combattant toutes les injustices, proclamant toutes les vérités utiles, et se déclarant le protecteur né de tous les droits, de tous les intérêts et de toutes les libertés ? »

« Rappelons-nous les fortunes diverses de ceux qui ont quitté leur profession pour se jeter dans le tourbillon des affaires publiques ; interrogeons ceux qui, ayant vécu dans leur intimité, ont pu surprendre le secret de leur cœur ; et demandons à ces superbes déserteurs de notre ordre s'ils n'ont jamais éprouvé le regret de l'avoir quitté !... »

« Un avocat qui pendant trente ans avait fait la gloire du barreau, ayant obtenu une grande charge, où il s'était fait des ennemis malgré la droiture de ses intentions et la pureté de ses principes, écrivait à un jeune avocat dans un de ces intervalles lucides que laisse quelquefois la

manie des grandeurs : « Je vous remercie, monsieur,
« du nouvel ouvrage que vous m'avez fait l'honneur de
« m'adresser. Je le lirai certainement, à mon premier
« loisir, avec l'intérêt que je porte à tout ce que vous
« faites. Ami de la gloire du barreau, j'éprouve un plai-
« sir véritable à remarquer les succès de ceux qui
« comme vous, monsieur, peuvent en devenir les dignes
« ornements. Ces succès sont d'autant plus doux pour
« ceux qui les obtiennent qu'ils ne sont mêlés d'aucune
« amertume. Moi aussi, j'ai eu l'honneur d'appartenir
« à cette carrière ; depuis j'en ai connu d'autres : *ainsi*
« *l'a voulu la fatalité*. C'est ce qui fait que je félicite d'a-
« bondance de cœur les bons esprits qui ne la quittent
« pas, et qui, contents de faire du bien à leur pays en
« éclairant les sciences, et en rendant plus facile l'exer-
« cice de la justice, ont su se saisir d'une considération
« qui n'est attaquée par personne. C'est votre destinée ;
« elle est belle, et je formerai toujours des vœux pour
« vous voir la remplir aux applaudissements de la ma-
« gistrature et de la société. »

Ces passages que nous avons extraits de la préface
de l'édition de 1818 ont complétement disparu dans
celle de 1852. L'auteur s'est bien gardé d'expliquer la
raison de ce retranchement. Peut-être a-t-il pensé
qu'elle n'échapperait à personne. Il a du reste eu soin
de nous donner les motifs qui l'avaient déterminé à
changer d'avis dans une autre circonstance (voir
page 26, à la note). N'est-ce pas, en effet, la cause
de la plupart des transformations politiques et des
changements de principes ?

M. Dupin a cru pouvoir remplacer avantageusement
les considérations sur l'indépendance de l'avocat et la
lettre écrite « dans un de ces intervalles lucides que

laisse quelquefois la manie des grandeurs » par cette exhortation qu'il adresse à son tour au jeune barreau :

« Mon cœur et mes plus chers souvenirs me rappelleront toujours au barreau ; je ne cesserai jamais de faire des vœux pour sa gloire, et d'encourager tous ceux qui voudront s'y dévouer. »

« Une belle et vaste carrière s'ouvre devant le jeune barreau ! Au moment où la nécessité des affaires publiques enlève partout les plus célèbres à leur profession ; quand nous voyons Berville, Barthe, Bernard, illustrer le parquet, lorsque de telles places restent vacantes au palais ! Jeunes avocats, précipitez-vous sur leurs traces pour remplir les vides que ces orateurs laissent dans vos rangs. Au lieu de vous jeter prématurément dans les sollicitations pour obtenir des emplois précaires où plusieurs risqueraient de n'apporter même que de l'inexpérience, travaillez, prenez de la peine, c'est le fonds qui manque le moins ; il n'y a pas de place plus *inamovible* qu'un état honorable exercé honorablement. Efforcez-vous de former dans notre ordre de nouvelles célébrités, de vous créer des titres à l'estime et à la confiance de vos concitoyens ; et après avoir été longtemps les conseils et les défenseurs des intérêts privés, vous deviendrez l'organe des intérêts publics. »

Mais la pensée qui avait si vivement frappé M. Dupin en 1818 resta présente aux chefs du barreau après qu'il crut en avoir effacé la trace dans ses écrits. Elle inspirait à M. Delangle, dans son discours d'ouverture des conférences, en 1856, les paroles suivantes : « Vous « comprendrez ce qu'est, même dans les rangs secon- « daires, une profession dont l'exercice n'expose pas à « des nuits sans sommeil, et dans laquelle la considéra-

« tion et l'estime publique sont l'infaillible récompense
« du travail et de la probité. »

Nous retrouvons surtout ces sentiments dans le discours d'ouverture des conférences de M. Philippe Dupin; ils s'y présentent à nous avec cette concision et
cette verve qui n'ont jamais été mêlées chez cet illustre
avocat au mauvais goût qui dépare les plaidoyers les plus
remarquables de son frère aîné :

« Ce n'est pas chez les avocats restés fidèles aux prin-
« cipes de la profession qu'on trouvera ces hommes
« mobiles dans leurs affections et dans leurs principes ;
« ces transfuges perpétuels qui se montrent disposés à
« entrer dans tous les camps, qui se laissent atteler à
« tous les chars, accoupler à tous les attelages ; tou-
« jours prêts à tout prendre, à tout quitter, à tout
« subir. »

M. Plocque, bâtonnier actuel de l'ordre des avocats de
Paris, a cité dans son discours de 1859 ces mémorables
paroles, aux applaudissements de tout son auditoire ; il
les accompagnait de ces excellents conseils à l'adresse
des jeunes avocats :

« Apprenez de bonne heure à fonder les convictions de
« votre vie, toutes vos convictions, entendez-le bien, sur
« les principes de la loi morale. Ne vous exposez pas,
« en quelque matière que ce soit, à la tentation de
« changer de croyance comme on change de dossiers et
« de clients. N'oubliez pas que si le monde excuse, ho-
« nore même certaines conversions, la conscience des
« honnêtes gens a toujours flétri toutes les apostasies. »

L'avocat trouvera dans son attachement à sa profession
la meilleure sauvegarde contre les séductions si puissantes qui l'entourent et les exemples si dangereux qui
pourraient le pervertir. Quand les citoyens n'ont pas l'a-

mour de leur état, la société est souvent troublée par les mouvements de leur ambition. Nous pouvons, sans nous montrer trop sévère pour nos contemporains, répéter avec d'Aguesseau :

« Tel est le caractère dominant des mœurs de notre siècle : une inquiétude générale répandue dans toutes les professions, une agitation que rien ne peut fixer : ennemie du repos, incapable du travail, portant partout le poids d'une inquiète et ambitieuse oisiveté; un soulèvement universel de tous les hommes contre leur condition ; une espèce de conspiration générale, dans laquelle ils semblent être tous convenus de sortir de leur caractère ; toutes les professions confondues, les dignités avilies, les bienséances violées ; la plupart des hommes hors de leur place, méprisant leur état et le rendant méprisable. Toujours occupés de ce qu'ils veulent être, et jamais de ce qu'ils sont, pleins de vastes projets, le seul qui leur échappe est celui de vivre contents de leur état[1]. »

---

[1] D'Aguesseau, Iᵉ Mercuriale : *l'Amour de son état*. L'orthographe du nom de l'illustre chancelier a donné lieu à certaines divergences. M. le baron de Gaujal et M. Oscar De Vallée, tous deux avocats généraux près la cour impériale de Paris, ont retranché l'apostrophe qui sépare le *d* de l'*A*, et ont écrit le nom en un seul mot. Nous ne pouvons voir dans ce fait qu'une application rétroactive et mal fondée du principe de la loi du 28 mai 1858 sur les titres de noblesse. Nous empruntons à l'intéressant ouvrage que M. Francis Monnier a publié récemment sur d'Aguesseau l'explication et la réfutation de ces scrupules exagérés.

« Quant à l'orthographe du nom de d'Aguesseau, l'aïeul du chancelier avait raison de ne signer que *Aguesseau*, car il était du chef de son père, Aguesseau de la Gailletière, etc. Henri d'Aguesseau, l'intendant du Languedoc, ne voulant pas abandonner le véritable nom de ses ancêtres, d'une part, ne voulant pas, de l'autre, renoncer à sa noblesse originaire, profita de cet usage suivant lequel on

N° 5.

LA MAGISTRATURE ET LA POLITIQUE

Le chancelier Poyet a laissé à la postérité un nom
justement flétri. Homme sans principes et plein de souplesse, il ne songea qu'à se frayer la voie des honneurs
par une complaisance sans bornes pour les moindres
caprices de son souverain. Il fut (1539) le rédacteur de
l'ordonnance de Villers-Cotterets, qui priva les accusés
du droit de se faire défendre par un avocat et introduisit
la procédure secrète dans notre législation criminelle.

Cependant le principe de la libre défense des accusés
avait une telle force, qu'il résista longtemps à cette

pouvait prendre la particule nobiliaire après vingt ans d'exercice
dans la haute magistrature, il signa donc *Daguesseau.* Il ne mit
pas l'apostrophe, puisque c'était lui qui le premier modifiait ainsi
la signature de sa famille, et parce que beaucoup de nobles, surtout
dans la noblesse de robe, supprimaient, quand c'étaient eux-mêmes
qui tenaient la plume, le mot ou le signe qui rappelait leur qualité.
Son fils, le chancelier, imita sa modestie; mais si toutes ses lettres
sont signées *Daguesseau,* celles qu'on lui adressait portaient l'apostrophe nobiliaire. Voilà pourquoi, nous conformant d'ailleurs à un
usage reçu, et, comme on le voit, très-logique, nous avons toujours
écrit le chancelier *d'Aguesseau.* »

Ainsi la rectification que l'on propose pour un nom historique
n'a aucune chance d'être consacrée par l'opinion publique. Si l'on
voulait faire un procès à la famille du chancelier, il faudrait prétendre
qu'elle s'appelle Aguesseau et non Daguesseau. Mais personne ne
songera à faire ce procès. Remercions néanmoins M. Monnier d'avoir
démontré si nettement que l'illustre magistrat, loin de céder à un
travers qui n'était pas encore à son apogée au dix-septième siècle,
avait au contraire fait preuve d'une modestie qui ne saurait être trop
imitée de nos jours.

atteinte, et jusqu'en 1670 les juges conservèrent la faculté d'autoriser les accusés à communiquer avec un avocat.

Lors des conférences qui préparèrent la rédaction de l'ordonnance de 1670, le président de Lamoignon fit observer « que, si le conseil a sauvé quelques coupables « il pourrait aussi arriver que des innocents périraient « faute de conseils, et qu'il est certain qu'entre tous les « maux qui peuvent arriver dans l'administration de la « justice, aucun n'est comparable à celui de faire mourir « un innocent, et qu'il vaudrait mieux absoudre mille cou- « pables; qu'il fallait considérer aussi que ce conseil qu'on « a accoutumé de donner aux accusés n'est point un pri- « vilége accordé par les ordonnances ni par les lois; « *que c'était une liberté acquise par le droit naturel qui* « *est plus ancien que toutes les lois humaines;* que les « ordonnances ont retranché aux accusés tant d'autres « avantages, qu'il est bien juste de leur conserver ce « qui leur reste, et principalement le conseil, qui en « faisait la principale partie. »

Cette protestation fut impuissante, et l'ordonnance de 1670, continuant l'œuvre de Poyet, alla jusqu'à priver l'accusé, même dans les causes capitales, du secours que lui avait presque toujours accordé l'humanité du juge.

Le chancelier Poyet n'encourra pas seulement la triste responsabilité d'avoir dérogé à la plus sainte des lois, il mérite aussi le mépris de tous les honnêtes gens, par la déplorable ardeur avec laquelle il poursuivit la condamnation de l'amiral Chabot, qu'il avait distrait de ses juges naturels pour le faire passer devant une commission composée de magistrats choisis à dessein.

Nous empruntons à Étienne Pasquier (*Recherches sur l'histoire de France*, liv. VI, chap. ix) le récit du procès de Chabot, puis du procès de Poyet qui se suivirent de près.

Le chancelier Poyet voulut présider lui-même la commission chargée de juger l'amiral.

« Combien qu'es commissions extraordinaires, les chanceliers n'aient jamais accoutumé de présider, pour faire le procez criminel à quelque seigneur que ce soit, ains seulement quand la cour de Parlement y vaque, auquel cas un chancelier selon les occasions, y préside comme chef de la justice. Toutefois en cestuy-ci que le roy affectionnoit par l'irrévérence dont il estimoit l'admiral avoir usé envers lui, le chancelier Poyet fut de la partie avec vingt et quatre que présidents, que conseillers *triés* de divers parlements. Et le roy étant alors en la ville de Fontaine-bleau et le procez instruit en la ville de Melun par le narré de l'arrest qui fut puis après donné contre l'admiral, on trouve que deux ou trois fois il fut interrogé par le chancelier, lequel y présida lors du jugement, et qui est chose grandement remarquable en tout le procez, nul article par lequel on lui imputast crime de félonie et léze-majesté, ains quelques exactions induement par luy faites sur quelques pescheurs sous prétexte de son admirauté. Et fut cause que du commencement il n'y avoit aucune aigreur de la part des juges; mais le chancelier, voyant que le roy affectionnoit la condamnation de leur prisonnier, commença de se roidir contre son innocence aux yeux de toute la compagnie, qui s'en offença aucunement; d'autant qu'à force ouverte il taschoit de réduire toutes les opinions à la sienne, en quoy ores qu'il ne fust du tout creu, si en attira-t-il quelques-uns à sa cordelle. Tellement que l'admiral ne fut pas condamné à mort, mais bien traité fort rudement, et comme les

8

opinions eussent balancé, les uns au plus, les autres
au moins, en cet estat, le chancelier, indigné que les
choses ne luy succédoient à point nommé, quand ce vint
à lui d'opiner, il pria la compagnie de l'en dispenser.
Ce qu'elle ne luy voulut accorder ; de sorte que, voyant
que ce luy estoit un faire le faut, en deux mots il déclara qu'il passoit à l'opinion la plus sévère. Avant que
l'arrest fust signé, le rapporteur du procez luy en
apporta la minute, non pour la corriger tout à fait, mais
bien pour voir s'il y avoit quelques obmissions par inad-
vertence. Toutesfois, pour contenter son opinion, se
donnant pleine carrière, le change selon que sa passion
le portoit, et estant de cette façon radoubé, l'envoye à
tous les autres conseillers pour le soubsigner. Ce que
du commencement ils refusèrent de faire, mais les vio-
lentant d'une continuë et de menaces estranges, ils furent contraints de luy obéir. Voire que l'un deux mit
au dessous de son seing un petit V, du commencement,
et vers la fin un I, ces deux lettres jointes ensemble faisant
un VI, pour dénoter qu'il l'avoit signé par contrainte. »

L'amiral était condamné notamment pour *son ingratitude*. « Le chancelier estimoit en ce faisant apporter contentement à son maistre, et toutesfois Dieu voulut
qu'au contraire, de son intention le roy ayant veu l'arrest, commença de se mocquer des juges, et surtout de
se courroucer contre le chancelier, qui luy avoit promis
monts et merveilles. Ce grand roy, comme il est grandement vraysemblable, souhaitoit en l'arrest condamnation de mort, pour accomplir puis après un trait absolu
de miséricorde envers celuy dont il ne pouvoit oublier
l'amitié, encores qu'il l'eust voulu faire repentir de la
response par trop brusque dont l'admiral avoit usé
envers luy .. »

Peu de temps après, le roi rendit à l'amiral ses bonnes grâces, et « voulut le procez estre fait au chancelier, à la requeste de son procureur général, en sa cour de Parlement de Paris. Plusieurs memoires sont apportez contre luy, mais les plus signalez et piquans, furent les extraordinaires deportements dont il avoit usé envers les juges au procez de l'admiral : mesmes furent contre luy produits à tesmoin quelques conseillers qui avoient esté de la partie, et n'y eut rien qui tant luy nuisist que cela en sa condamnation.... *Belle leçon à tout juge pour demeurer en soy et ne laisser fluctuer sa conscience dedans les vagues d'une imaginaire faveur, qui par fin de jeu le submerge.*

« *....Quelques commissions qu'un juge reçoiv e de son prince, il doit tousjours buter à la justice, et non au x passions de celuy qui le met en œuvre, lequel revena nt avec le temps à son mieux penser, se repent après de sa soudaineté, et reconnoist tout à loisir celuy estre indigne de porter le tiltre de juge, qui a abusé de sa conscience pou r luy complaire.* »

Ce récit de Pasquier inspirait, en 1850, les réflexions suivantes à M. Mesnard, mort il y a deux ans premier vice-président du sénat.

« Lorsque la justice, s'abdiquant ainsi elle-même, consent à porter les livrées de la politique, et des hauteurs de la loi tombe, à force d'ambition, dans les bassesses du dévouement, le mal est grand et dépasse tout ce qu'en peut redouter la prévoyance humaine. »

Dans un ouvrage récent, un des magistrats du parquet de la Cour impériale de Paris combat en ces termes l'alliance de la politique et de la justice.

« En soi, le mélange de la politique et de la justice n'est pas bon ; il avait produit et devait produire encore beaucoup d'abus. La politique et la justice ne s'entendent pas toujours, et d'ailleurs chacune d'elles mérite un autel particulier et des prêtres exclusifs[1]. »

A quoi bon, nous dira-t-on, rappeler avec tant d'insistance les principes admis par les meilleurs esprits de notre temps ? Qui voudrait conseiller à nos magistrats de se mêler à la politique ?

L'accord, il est vrai, est presque unanime; des dissidences, toutefois, se sont produites avec un certain éclat dans ces dernières années, il est donc nécessaire de les signaler.

Quel n'a pas été notre étonnement, lorsque nous avons entendu, à l'audience de rentrée de la cour impériale de Paris, le 4 novembre 1856, M. Vaïsse, alors procureur général, et depuis président de la chambre criminelle de la cour de cassation, réfuter, dans un long discours, la doctrine qui veut éloigner le magistrat des préoccupations politiques.

« Nous ne nous sentons pas, a-t-il dit, détourné de notre dessein par cette fausse maxime qui plus d'une fois a dû frapper vos oreilles : qu'il ne fallait pas mêler la magistrature à la politique. »

Suivant M. Vaïsse, si la mauvaise politique est pleine de dangers pour le magistrat, la bonne politique est au contraire pleine d'avantages. Il suffit donc de distinguer. Or qu'est-ce que la bonne politique ?

« Sera-t-il défendu de dire à la magistrature : Vous qui appliquez chaque jour la loi, vous qui êtes les protecteurs naturels de la société, commencez par vous fixer sur le principe de notre constitution ? Voyez s'il est

[1] Le Duc d'Orléans et le Chancelier d'Aguesseau, par Oscar Devallée. Paris, 1860, p. 202.

d'accord avec les grandes lois d'ordre et de morale qui ne changent pas avec nos institutions nationales, qui se sont modifiées suivant les époques, et qui semblent, pour les temps contemporains, s'être définitivement fixés dans ce qu'on appelle les principes de 1789. Après avoir vérifié la nécessité, la légitimité de nos institutions politiques, donnez fermement l'exemple ; soyez surtout inébranlables sur les questions d'ordre et d'autorité. »

« Rechercher la légitimité de notre établissement constitutionnel, vérifier s'il est en parfaite conformité avec les principes immuables d'ordre et de justice et à nos traditions nationales : voilà donc le point de départ de toute bonne politique. »

Si ces paroles s'adressaient à une assemblée législative ou à des cours souveraines chargées par la constitution du pays, comme nos anciens parlements, d'enregistrer après examen et vérification les actes de l'autorité publique, et exerçant le droit de remontrances, elles nous sembleraient parfaitement à leur place; mais elles sont en contradiction flagrante avec le principe de la séparation des pouvoirs judiciaire et administratif proclamé par toutes nos constitutions modernes.

Admettre la magistrature dans les luttes politiques, c'est lui donner le droit de prononcer un jugement, et ce jugement peut être aussi bien une censure qu'un éloge. C'est ce que le législateur n'a pas voulu. Le magistrat sur son siége ne doit pas suivre le conseil de M. Vaïsse, il ne doit pas « rechercher la légitimité de notre établissement constitutionnel, vérifier s'il est en parfaite conformité avec les principes immuables d'ordre et de justice et avec nos traditions nationales; » il doit rechercher les dispositions de la constitution et des lois, sans s'inquiéter de leur origine, il ne doit pas faire de la politique même bonne, il n'a qu'à rendre la justice, c'est-à-dire à appliquer les lois en vigueur ; c'est donc à tort que M. Vaïsse a dit aux magistrats :

« Nous manquerions à notre mission constitutionnelle, s'il nous plaisait de nous enfermer toujours et obstinément dans notre office de juge. »

Les magistrats préféreront, sans aucun doute, trouver le tableau des devoirs de leur état dans un auteur, que les plus distingués d'entre eux se font gloire de lire journellement. A une époque où le pouvoir avait de grandes séductions, Bossuet signalait en ces termes les dangers pour la justice du voisinage de la politique.

« Parlons, disait-il, de la lâcheté ou de la licence d'une justice arbitraire qui, sans règle et sans maxime, se tourne au gré de l'ami puissant. Parlons de la complaisance, qui ne veut jamais ni trouver le fil, ni arrêter les progrès d'une procédure malicieuse. Que dirai-je du dangereux artifice qui fait prononcer à la justice comme autrefois aux démons des oracles antiques et captieux? Que dirai-je des difficultés qu'on suscite dans l'exécution, lorsqu'on n'a pu refuser la justice à un droit trop clair? « La loi est déchirée, comme disait le prophète [1], et le « jugement n'arrive jamais à sa perfection. *Non pervenit* « *usque ad finem judicium.*» Lorsque le juge veut s'agrandir, et qu'il change en une souplesse de cour le rigide et inexorable ministère de la justice, il fait naufrage contre ces écueils. On ne voit dans ses jugements qu'une justice imparfaite, semblable, je ne craindrai pas de le dire, à la justice de Pilate : justice qui fait semblant d'être vigoureuse, à cause qu'elle résiste aux tentations médiocres et peut-être aux clameurs d'un peuple irrité, mais

---

[1] *Habac.*, I.

qui tombe et disparaît tout à coup, lorsqu'on allègue, sans ordre, même mal à propos le nom de César. Que dis-je, le nom de César? ces âmes prostituées à l'ambition ne se mettent pas à si haut prix : tout ce qui parle, tout ce qui approche, ou les gagne, ou les intimide, et la justice se retire d'avec elles [1]. »

N° 4.

DES ÉGARDS DUS A L'AVOCAT PENDANT LA PLAIDOIRIE.

Les juges doivent écouter avec patience le plaidoyer des avocats.

Ce principe sans lequel la liberté de la défense n'existerait pas, a été admis dans les législations anciennes comme dans nos lois. Les gouvernements les plus absolus l'ont respecté ou n'ont jamais osé l'enfreindre ouvertement.

Les empereurs romains eux-mêmes ne croyaient point que les interruptions leur fussent permises. Pline le Jeune qui, après avoir été l'une des gloires du barreau, avait été élevé aux plus hautes dignités de l'empire, loue Trajan, en son endroit, de ce qu'il n'usait pas de sa puissance pour mettre un terme aux discours de ceux qui parlaient devant lui, et qu'il leur laissait la liberté de finir quand ils le jugeaient à propos.

[1] Bossuet, *Oraison funèbre* de Michel le Tellier.

Nous retrouvons dans ses lettres la [même] pensée, il considère la patience comme une des grandes qualités que l'on doit rencontrer chez un magistrat[1].

Sénèque avait dit avant lui que la précipitation du jugé était criminelle[2].

Bacon, qui à l'autorité d'un grand philosophe joignait une pratique consommée des débats judiciaires, a développé les mêmes idées dans ses discours.

« La patience et la gravité dans l'audition des causes constitue une part essentielle de la justice; un juge interrupteur vaut moins qu'une cymbale résonnant à propos. »

« Il n'y a aucun mérite pour le juge à trouver et à saisir le premier dans une affaire ce qu'il aurait mieux compris en temps et lieu dans la plaidoirie de l'avocat, ni à faire montre de la finesse de son jugement par des interruptions trop hâtives pendant la démonstration ou la péroraison de l'avocat, ou par des questions, même justifiées par les faits de la cause, lorsqu'elles devancent l'exposé qui doit en être fait. »

« Le juge qui écoute a quatre choses à faire : il doit : 1° coordonner la série des preuves ; 2° modérer la prolixité, les répétitions ou les digressions des avocats et des témoins ; 3° résumer la substance de ce qui a été dit, choisir et mettre en face les uns des autres les faits les plus importants ; 4° et enfin rendre son jugement. Tout ce qui est en dehors de cela est excessif et a pour origine la vaine gloire et le désir de parler, l'impatience

---

[1] *Præsertim cum primum religioni suæ patientiam debeat quæ magna pars justitiæ est.* (Ep. V, lib. vi.)

[2] *In judicando criminosa est celeritas.*

d'écouter, la faiblesse de la mémoire et le manque d'une attention calme et constante[1]. »

Nos jurisconsultes français ont toujours rappelé aux juges qu'ils devaient compter la patience parmi les plus grandes vertus de leur état.

« Donner aux avocats toute l'attention et tout le temps qu'ils désirent pour parler, ce n'est pas tant une bienséance qu'une obligation. C'est un devoir de la religion des juges, et, comme ils ne sauraient bien rendre la justice s'ils n'ont cette patience, elle en est aussi la principale partie[2]. »

L'auteur à qui nous empruntons ce passage ajoute : « Il y a deux espèces d'interruptions inconvenantes :

« 1° Lorsque dans le cours d'une plaidoirie on avertit l'avocat de finir bientôt; 2° lorsqu'on lui coupe absolument la parole pour aller aux opinions sans avoir entendu toute la défense. Par là, le juge qui préside blesse les règles de la bienséance et le devoir de son état, de sa religion, de sa justice. »

---

[1] *Patientia et gravitas in causis audiendis, justitiæ est pars essentialis, et judex interloquens minime est cymbalum bene sonans. Non laudi est judici, si primus aliquid in causa inveniat et arripiat, quod ab advocatis suo tempore melius audire potuisset, aut acumen ostentet, in probationibus vel advocatorum probationibus nimis interrumpendis, aut anticipet informationes quæstionibus, licet ad rem pertinentibus.*

Judicis partes in audiendo sunt quatuor : 1° probationum seriem ordinare; 2° advocatorum et testium prolixitatem, repetitionem, aut sermones extra rem moderari; 3° eorum quæ allegata sunt medullam, et quæ majoris momenti sunt recapitulare, seligere et inter se componere; 4° et demum sententiam ferre. Quidquid ultra hæc est, nimium est, et oritur a gloriola et loquendi aviditate; aut ab audiendi impatientia, aut a memoriæ debilitate, aut a defectu attentionis sedatæ et æquabilis. (De officio judicis.)

[2] Henrys, *Harangue*, t. 2, p. 55.

Loysel, dans son *Dialogue d'Étienne Pasquier*, insiste aussi sur la déférence, que l'intérêt de la justice commande aux juges d'avoir pour les avocats qui plaident devant eux.

« Et d'ailleurs, où est l'honneur que j'ay entendu de vous, mon père, avoir esté autrefois au palais et la faveur que messieurs les présidents portoient aux jeunes advocats en vostre temps, les escoutant doucement, supportans et excusans leurs fautes et leur donnans courage de mieux faire ; au lieu que maintenant il semble à quelques-uns que nous soïons d'autre bois ou estoffe qu'eux, et quasi des gens de néant, nous interrompans et rabrouans à tout bout de champ, nous faisans parfois des demandes qui ne sont nullement à propos, et non-seulement à nous autres jeunes gens qui le pouvons quelquefois avoir merité, mais bien souvent aux anciens, et à ceux qui entendent si bien leurs causes, que l'on voit par la fin et la conclusion, que ceux qui leur avoient fait ces interrogations et interruptions, avoient eux-mêmes tort, et non les advocats plaidans qui se trouvoient n'avoir rien dit qui ne fût probant et necessaire à leur cause, » etc.

Ne suffit-il pas, de relire le portrait que d'Aguesseau nous a tracé du magistrat qui n'apporte pas une attention suffisante, pour se pénétrer du tort que ce dernier, sans en avoir la conscience, fait à la justice dans l'esprit des justiciables ?

« Livré aux caprices de ses pensées et à l'inquiétude d'une imagination vagabonde, il ne se contente pas d'errer dans le vaste pays de ses distractions ; il veut avoir des compagnons de ses égarements, et, plaçant une conversation indécente dans le silence majestueux d'une audience publique, il trouble l'attention des autres

juges et déconcerte souvent la timide éloquence des orateurs; ou, s'il fait quelques efforts pour les écouter, bientôt l'ennui succède à la dissipation, et le chagrin qui est
peint sur son visage fait trembler la partie et glace son
défenseur. On le voit inquiet, agité, prévenir les suffrages
des autres juges par des signes indiscrets, et accuser
en eux une lenteur salutaire qu'il devrait imiter. »

« Une molle indolence pourra seule fixer cette agitation
importune; mais quelle peut être la dignité de celui qui ne
doit sa tranquillité apparente qu'à une langueur véritable? »

« Il semble que le tribunal soit pour lui un lieu de repos, où il attend entre les bras du sommeil l'heure de ses
affaires ou celle de ses plaisirs ; c'est ainsi que l'arbitre
de la vie et de la fortune des hommes se prépare à porter un jugement irrévocable[1]. »

Si l'inattention du juge est l'oubli d'un devoir, le
système qui consiste à interrompre à chaque instant la
plaidoirie par des questions ou des réflexions plaisantes
est également peu compatible avec la dignité du magistrat. Ce dernier ne peut sans inconvenance et sans dangers pour les intérêts des justiciables descendre des
hauteurs où loi l'a placé pour prendre part au débat.
Le juge donne la meilleure preuve de la finesse de son
esprit et de la droiture de son jugement en n'entrant pas
dans une lice où il ne rencontrerait pas d'adversaires
qui puissent le combattre à armes égales.

Le magistrat doit se défier de la promptitude de son
esprit ; qu'il écoute encore sur ce point les conseils de
d'Aguesseau :

« Le magistrat, nous l'entendons dire tous les jours,

[1] D'Aguesseau, Mercuriale *sur la dignité du magistrat.*

n'a besoin que d'un esprit vif et pénétrant. Le bon sens
est un trésor commun à tous les hommes. Emprunter les
lumières d'autrui, c'est faire injure aux nôtres. La science
ne fait souvent naître que des doutes : c'est à la raison
seule qu'il appartient de décider. Que manque-t-il à celui
qu'elle éclaire? C'est elle qui a inspiré les législateurs,
et quiconque la possède est aussi sage que la loi même.

« Ainsi parle tous les jours une ignorance pré-
somptueuse ; et qu'est-ce que cet esprit dont tant de
jeunes magistrats se flattent vainement? »

« Penser peu, parler de tout, ne douter de rien ; n'ha-
biter que les dehors de son âme, et ne cultiver que la
superficie de son esprit; s'exprimer heureusement; avoir
un tour d'imagination agréable, une conversation légère
et délicate, et savoir plaire sans se faire estimer ; être né
avec le talent équivoque d'une conception prompte et se
croire par là au-dessus de la réflexion ; voler d'objets en
objets sans en approfondir aucun ; cueillir rapidement
toutes les fleurs et ne donner jamais aux fruits le temps
de parvenir à leur maturité : c'est une faible peinture de
ce qu'il plaît à notre siècle d'honorer du nom d'esprit. »

« Esprit plus brillant que solide, lumière souvent
trompeuse et infidèle : l'attention le fatigue, la raison
le contraint, l'autorité le révolte ; incapable de persévé-
rance dans la recherche de la vérité, elle échappe encore
plus à son inconstance qu'à sa paresse. »

« Tels sont presque toujours ces esprits orgueilleux par
impuissance et dédaigneux par faiblesse, qui désespèrent
d'acquérir par leurs travaux la science de leur état, cherchent à s'en venger par le plaisir qu'ils prennent à en
médire[1]. »

---

[1] D'Aguesseau, Mercuriale de l'Esprit et de la Science du magistrat.

Le magistrat doit aujourd'hui se défier d'un sentiment auquel il est trop porté à céder, celui d'expédier
promptement la justice.

« Depuis peu de temps, il faut le dire, un mal que
nous avons vu naître, la *Statistique*, envahit la justice.
Comme si le temps n'était plus à l'avocat, on le lui mesure avec avarice ; la liberté des discussions est menacée
et l'amour des chiffres est devenu un obstacle réel à
l'exercice de la parole. »

« L'action de la justice doit être prompte sans doute...
et c'est le devoir du barreau de s'associer aux efforts
qu'elle tente pour atteindre ce but. Mais que peut-on
exiger de nous, sinon d'éviter les développements qui
fatiguent sans fruit l'attention du juge ? Je regarde
comme une obligation pour l'avocat de ne se présenter
à l'audience qu'après une préparation qui lui permet la
brièveté. Mais, quand il a sincèrement accompli cette
tâche, il doit être écouté. Le magistrat ne sait pas tout
et ne devine pas tout ; qu'il souffre donc qu'on l'instruise
et qu'à cet effet il laisse à l'avocat tout le temps que
réclame la cause, non comme une tolérance, et sauf à
s'en venger par des manifestations qui troublent et dé-
concertent, mais parce que l'entier exercice du droit de
l'avocat importe à la justice elle-même. »

« Tous les esprits ne sont pas façonnés au même
moule ; la pensée n'a pas, chez tous les hommes, la
même activité, elle ne revêt pas chez tous les mêmes
formes simples et vives qui savent plaire et convaincre à
la fois. La forme du langage est variée comme les im-
pressions qu'il traduit. Est-ce que le juge ne doit point
apprécier ces différences et en tenir compte ? est-ce qu'il
ne doit pas, quelque prédilection qu'il ressente pour la
concision, se garder de l'imposer aux dépens de la

clarté? est-ce qu'il doit, enfin, infligeant à l'avocat le supplice du lit de Procuste, le contraindre à mutiler l'œuvre qu'il a préparée? »

« Le mal que je signale, en prenant racine, détruirait infailliblement l'art oratoire parmi nous... »

« Un intérêt plus puissant encore que celui du barreau, l'intérêt sacré de la justice, se trouve compromis par ces dispositions. Telle cause semble au premier coup d'œil défavorable, désespérée, pour ainsi dire, qui se relève et triomphe en définitive... »

« On peut donc quelquefois regretter amèrement la précipitation, la patience jamais[1]. »

Combien d'illustres magistrats n'ont-ils pas, comme d'Aguesseau, protesté contre ce système d'interruptions si contraire à la dignité de la justice; il nous suffit d'en citer un exemple.

« On raconte qu'un jour un avocat plaidant avec trop d'étendue, M. de Nesmond le père, qui était second président et très-impatient, dit plusieurs fois à M. le premier président de Bellièvre : *Interrompez donc cet avocat;* sur quoi M. de Bellièvre répondit enfin à M. de Nesmond : *Dites-moi où il faut l'interrompre à propos.* Cette patience de M. le premier président de Bellièvre, jointe à plusieurs autres qualités, a été célébrée par l'éloquent Patru en ces termes : *Considérons-le sur ce tribunal sacré d'où il dispense les lumières et les influences des lois; admirons dans cette place sa patience et sa douceur... il ne sait ni interrompre ni réfuter avec aigreur. Il écoute sans inquiétude, sans chagrin et avec une attention qui soulage, qui anime ceux qui parlent. Ah! qu'il était loin de*

---

[1] Delangle, Discours d'ouverture des conférences, 22 novembre 1836.

cette impatience brutale qui égorge et les affaires et les parties, et qui traîne presque toujours à sa suite l'erreur ou l'injustice [1]. »

La courtoisie du juge a d'ailleurs son origine dans la bonne éducation qui lui a été donnée.

« Indépendamment de l'humanité, la bienséance et l'affabilité, chez un peuple poli, deviennent une partie de la justice, et un juge qui en manque pour ses clients commence dès lors à ne plus rendre à chacun ce qui lui appartient. Ainsi, dans nos mœurs, il faut qu'un juge se conduise envers ses parties de manière qu'il leur paraisse bien plutôt réservé que grave, et qu'il leur laisse voir la probité de Caton sans leur en montrer la rudesse et l'austérité [2]. »

Les avocats, quand ils se sont trouvés en présence de magistrats qui suivaient d'autres errements que le président de Bellièvre, ont fait valoir leurs droits.

M. Delangle, il y a environ dix ans, après avoir entendu l'avocat qui plaidait contre lui, demanda à répliquer quelques mots.

« La cour vous a entendu avec patience, lui dit le « président, la réplique est inutile. » « Monsieur le « président, lui répond l'avocat, avec une noble fierté, « je n'ai jamais eu besoin de la patience de per- « sonne : mon adversaire, trompé par son client, a « commis de graves inexactitudes. J'ai le droit de les « rectifier ; bien plus, en demandant à répondre, je fais

[1] *Lettre à M*** où on examine si les juges qui président aux audiences peuvent légitimement interrompre les avocats lorsqu'ils plaident*, 1733.

[2] Montesquieu, Discours à la rentrée du parlement de Bordeaux, Saint-Martin, 1725.

« mon devoir. C'est à la cour à voir si elle veut faire le
« sien, en me permettant de répliquer, ou si elle préfère
« être trompée. » La cour, après en avoir délibéré, au-
torisa la réplique.

Les avocats ne doivent pas oublier de tels exemples
ni de tels préceptes; qu'ils soient toujours présents à
leur mémoire.

« Que l'avocat injustement molesté à l'audience se
garde de rien donner à l'emportement du moment; qu'il
réclame l'assistance de son ordre, et qu'en attendant,
dans la ferme conviction de son droit, il suive l'exemple
d'Erskine, qui, interrompu, molesté, rabroué, comme il
arrive si souvent, dans la défense d'un accusé, par le
président, qui lui rappelait ce qu'il disait être le devoir
de l'avocat : *Je connais mes devoirs aussi bien que Votre
Seigneurie connaît le sien*, répondit-il, *et je persiste dans
ma conduite* [1] »

---

[1] Daviel, *Commentaire de l'ordonnance de* 1822, édité par
M. Dupin. (*Profession d'avocat.*)

N° 5.

CONSULTATION DU CONSEIL DE L'ORDRE DES AVOCATS
A LA COUR IMPÉRIALE DE PARIS.

(EXTRAIT.)

L'avocat plaidant, soit en police correctionnelle, soit aux assises, a le droit d'*attaquer* par tous les moyens qui ne sont pas contraires à sa conscience, à la décence, à la modération et au respect dû aux lois, le réquisitoire du ministère public; et l'arrêt qui, restreignant son droit, le réduit, en lui refusant le pouvoir d'*attaquer*, à répondre aux arguments du réquisitoire par des arguments contraires, viole le droit sacré de la liberté de la défense et l'indépendance de l'avocat.

En principe, le droit de *libre défense* n'est pas contesté par la Cour; il ne pouvait pas l'être. « La libre « défense, dit-elle, en effet, doit être maintenue dans « l'intérêt des accusés, dans l'intérêt de la justice elle- « même. »

Rien de mieux, si les considérants qui suivent ne venaient pas combattre, énerver, jusqu'à le rendre impuissant, le principe que ce premier considérant a posé; mais, à la lecture de l'arrêt, l'esprit est frappé de la distance qui, dans l'opinion de la Cour, sépare la théorie de l'application.

Distinguons toutefois entre ces considérants qui touchent plus particulièrement au côté pratique de la libre défense; car si nous ne les admettons pas tous, il en est

9

aussi contre lesquels nous n'avons pas la pensée de lutter.

Ainsi,

Qu'on dise que les discussions judiciaires ne doivent jamais dégénérer en disputes ; que, dans ces luttes en-gagées au nom de la vérité et du droit, il est toujours bon que les personnes soient respectées ; que le lan-gage se montre constamment digne, élevé, poli ; en cela nous sommes d'accord. Cette loi, d'ailleurs, est la loi du barreau, et il n'y faillira jamais quand il trouvera en face de lui, pour adversaire, le magistrat remplissant les hautes fonctions du ministère public.

Qu'on dise encore que l'avocat n'a pas le droit de *censurer ce magistrat, d'infliger un blâme public à ses ac-tions, à ses paroles, à ses intentions morales ;* cela est évident. Censurer, blâmer, n'est pas discuter. Non, certes, l'avocat n'a pas le droit de blâmer, de censurer le ministère public, pas plus, au reste, que le ministère public n'a le droit de *censurer l'avocat, d'infliger un blâme public à ses actions, à ses paroles, à ses intentions morales.* Le ministère public ne relève pas de l'avocat : l'avocat ne relève pas du ministère public ; voilà la vé-rité tout entière.

Mais que signifie cette proposition de l'arrêt : « Le « droit de défendre n'entraîne pas le droit d'atta-« quer ? »

Et cet autre : « L'attaque doit être particulièrement « interdite contre le ministère public, investi par la loi « du droit de porter la parole au nom de la société ? »

Est-ce à dire encore que le droit de défendre n'en-traîne pas le droit d'attaquer la personne ? Nous le ré-pétons, cela est hors de doute. Mais non, la pensée de l'arrêt va ici plus loin qu'elle n'est allée d'abord ; or c'est cette pensée qui nous paraît porter une grave atteinte à la liberté de la défense.

Il y a là, en effet, une distinction établie entre le ministère public et l'avocat ; une supériorité donnée à l'un sur l'autre, que, légalement, nous ne saurions admettre ; parce que, d'une part, elle se concilie mal avec le principe reconnu et consacré de la libre défense ; parce que, d'autre part, elle dénature la position relative du magistrat et de l'avocat, dans la sphère judiciaire où ils sont appelés l'un et l'autre, par la loi, à parler et agir.

A cet égard, qu'il nous soit permis d'exposer loyalement toute notre pensée, et qu'on veuille bien ne pas s'y tromper ! En abordant un tel sujet, notre intention n'est pas d'agiter de vaines questions de dignité personnelle, mais de nous rendre un compte exact de nos droits et aussi de nos devoirs que, dans notre conscience, nous n'avons jamais séparés de nos droits.

Dégageons d'abord la question de hiérarchie, question plus politique que judiciaire. Dans cet ordre d'idées, la magistrature occupe une position plus élevée que le barreau ; nous ne discutons ni sur ce fait ni sur ses conséquences honorifiques.

Ce qui importe, surtout, au point de vue de la libre défense, c'est de bien préciser la position du barreau vis-à-vis de la magistrature dans l'ordre des fonctions qu'il est appelé à remplir en concours avec elle.

La hiérarchie a-t-elle, dans ce concours, quelque influence à exercer ; et l'avocat serait-il effectivement placé, alors, dans la condition inférieure que semblent lui assigner les considérants de l'arrêt de la Cour ?

Voilà ce à quoi nous refusons de croire, et voici nos raisons :

L'administration de la justice civile et criminelle, si compliquée qu'elle soit dans ses détails, se résume au fond, dans deux faits : l'instruction, le jugement.

A cette œuvre complexe sont appelés à concourir le barreau et la magistrature.

En matière civile, aux avocats, l'instruction à l'audience, c'est-à-dire l'exposé, la discussion contradictoire du fait et du droit d'où doit sortir, en définitive, la raison de décider ; aux magistrats l'appréciation et le jugement. Dans certaines causes, il est vrai, le ministère public se lève et conclut ; mais, à ce moment, l'avocat n'a plus à discuter et ne discute pas contre lui.

En matière criminelle, la magistrature intervient activement dans l'instruction écrite et orale ; mais aux avocats encore, concurremment, cependant, avec le ministère public, la discussion du fait et du droit ; aux magistrats l'appréciation et le jugement.

Remarquons en outre que, dans cette matière, la mission de l'avocat prend un caractère plus élevé encore que dans les matières civiles. La défense est d'ordre public ; si bien d'ordre public que si l'accusé n'a pas d'avocat, la loi lui en donne un d'office.

Telle est, dans l'œuvre judiciaire, la division du travail. Cette division, c'est la loi qui l'a instituée ; c'est elle qui a donné à chacun sa mission, qui en a marqué le point de départ et le but, les droits et les devoirs. Ces droits, ces devoirs descendent donc de la même source, la loi. Les hommes qui exercent ces droits et accomplissent ces devoirs, de quelque nom qu'ils s'appellent, sont donc tous également les ministres de la loi. A chacun son œuvre, sans doute ; mais chaque œuvre est une œuvre de justice, commandée, réalisée au nom de ce grand intérêt social.

Comment donc, nous le demandons, serait-il possible, dans une situation ainsi faite, de trouver place à une supériorité quelconque de la magistrature sur le barreau ? Est-ce que l'intelligence qui juge est plus élevée que l'intelligence qui éclaire et prépare le jugement ? Est-ce que la conscience qui proclame la vérité judiciaire est supérieure à la conscience qui la met en lumière ? Comment les hommes qui ont les mêmes pouvoirs, la même mission, le même but, les mêmes droits, les mêmes devoirs, et qui tiennent également de la société et de la loi leurs pouvoirs, leur mission, leurs droits, leurs devoirs seraient-ils pourtant inégaux entre eux quand il faut agir ?

Évidemment, cela n'est pas possible.

Or, si cela n'est pas possible, nous demandons alors comment le ministère public aurait, seul, le droit d'attaquer et de défendre, quand l'avocat serait réduit, si l'on approuve l'arrêt de la Cour de Paris, au droit de défendre seulement ?

L'attaque est interdite contre le ministère public, répond l'arrêt, *parce qu'il est investi par la loi du droit de porter la parole au nom de la société.*

Mais quoi ! est-ce que l'avocat n'est pas, lui aussi, *investi par la loi du droit de porter la parole au nom de la société ?*

N'est-ce pas, en effet, au nom et dans l'intérêt de la société, que l'administration de la justice civile et criminelle est organisée, et n'avons-nous pas établi plus haut le rôle important que la loi attribue au barreau dans le mécanisme de cette administration ? Ce rôle n'est pas supérieur, mais il n'est pas inférieur non plus à celui de la magistrature, nous croyons l'avoir démontré.

La Cour de Paris est donc partie d'un principe faux

quand elle a accordé au ministère public un droit qu'elle
refuse à l'avocat; quand elle a prescrit à ce dernier des
devoirs dont elle affranchit le premier. Qu'on y prenne
garde! Nous ne touchons plus ici à une simple question
d'hiérarchie, nous touchons à une question essentielle,
fondamentale, au point de vue de la bonne administration de la justice. En revendiquant pour lui la liberté
de l'attaque et de la défense, l'avocat revendique à la
fois un droit et un devoir. Il mérite donc d'être écouté.

. . . .

Signé : PLOCQUE, *bâtonnier.*

· Marie, Gaudry, Berryer, Bethmont, Liouville, *anciens*
bâtonniers, Caignet, Léon Duval, Paillard de Ville-
neuve, Lacan, Desboudets, du Teil, Thureau,
Templier, Crémieux, Rivolet, Jules Favre, Des-
marest, Lachaud, Leblond, Allou, *membres du*
conseil de l'ordre.

N° 6.

LA MAGISTRATURE EN 1814, D'APRÈS M. DUPIN.

Sous ce titre : *Des magistrats d'autrefois, des magis-*
trats de la Révolution, des magistrats de l'avenir, a paru
le 25 juin 1814, une brochure que nous avons trouvée
au tome cinquième des *Mémoires, plaidoyers et consulta-*
tions d'ANDRÉ-MARIE-JEAN-JACQUES DUPIN, *avocat à la cour*

royale de Paris, docteur en droit, membre correspondant de l'Académie ionienne, etc.

Cette brochure a pour but d'appeler l'attention du gouvernement royal sur l'organisation judiciaire dont l'auteur demande la réforme, et sur le personnel des tribunaux dont il réclame l'épuration.

Elle porte l'empreinte de ces ardeurs politiques, toutes récentes, qui ne connaissent ni frein ni mesure, aussi doit-on la lire avec la plus grande réserve. M. Dupin, il ne faut pas l'oublier, se proclamait alors l'*amant de la légitimité;* que de choses la fougue de sa passion doit-elle sinon excuser du moins expliquer! A quelles conséquences excessives la haine des institutions impériales ne le conduit-elle pas! Il voudrait effacer jusqu'au nom même de l'Empereur. Il ne parle que de la chute ou de la domination de B***. Ce système d'abréviation était une cause d'obscurité pour les lecteurs d'une autre époque, car ils auraient pu, au milieu de tous nos changements de gouvernement, hésiter sur le personnage que le membre correspondant de l'Académie ionienne avait voulu désigner. Était-ce Bonaparte ou son prédécesseur Barras? Heureusement l'ardeur des passions hostiles à l'Empire s'est calmée chez M. Dupin, et il a renoncé, dans les éditions suivantes, à désigner le nom de l'Empereur par son initiale suivie de trois étoiles.

M. Dupin trouve dans ces quatre vers de Voltaire la description de la situation de son pays en 1814:

> Sous un sceptre de fer tout ce peuple abattu,
> A force de malheurs, a repris sa vertu;
> Tarquin nous a remis dans nos droits légitimes
> Le bien public est né de l'excès de ses crimes [1].

1. *Brutus,* acte I, scène II; les deux derniers vers ne sont que dans l'édition de 1814.

L'auteur fait un magnifique tableau de la magistrature d'autrefois ; son enthousiasme pour elle et son dé-
goût du présent sont tels, qu'il se contente de faire ressortir les couleurs vives et qu'il néglige complétement
les ombres.

La magistrature de la Révolution lui inspire au contraire la plus vive répugnance ; il indique successive-
ment toutes les causes de l'avilissement de la justice,
l'une d'elles, c'est l'irréligion des nouveaux magistrats.

« Le trône et l'autel étaient trop fortement unis pour
que la chute de l'un n'entraînât pas immédiatement
celle de l'autre : plus de foi, plus de loi.

« L'impiété et l'athéisme furent à l'ordre du jour, et
les juges, comme les autres fonctionnaires, durent être
pris parmi ceux qui se signalaient dans cette nouvelle
direction donnée aux agents.

« Dès lors plus de conscience, plus de respect pour
l'honneur, la vie et les biens des citoyens. En effet, que
pouvaient refuser à la vengeance ou à la soif des richesses des hommes qui ne croyaient pas que c'est
Dieu qui tonne, et qu'il est un autre monde après
celui-ci [1] ? »

---

[1] Ce passage a complétement disparu dans les éditions suivantes. Si l'auteur a reconnu qu'il s'était trompé, il n'aurait pas dû
se contenter d'un simple retranchement, il aurait dû faire une
amende honorable aux magistrats de la Révolution, si cruellement
traités par lui ; s'il pensa plus tard que l'irréligion ne présentait
pas les dangers qu'il avait cru apercevoir en 1814, il fallait le
dire. Nous éprouverions de vifs regrets en présence d'un pareil
changement, mais nous saurions à quoi nous en tenir sur les intentions de l'auteur. Nous ne pouvons croire, cependant, au milieu de
toutes les suppositions que nous sommes condamné à faire, que
M. Dupin ait pu craindre de sérieuses poursuites de la part des ne-
veux de ceux dont il avait flétri la mémoire.

Les épurations qui suivirent le 9 thermidor, et qui s'accomplirent sous le Directoire, le Consulat et l'Empire, ne suffirent point pour chasser des fonctions judiciaires tous les magistrats indignes qui s'y étaient glissés à la faveur des désordres de la Révolution.

M. Dupin indique les causes de l'insuccès de ces épurations :

« Semblable à ces eaux infectes qu'on laisse reposer quelque temps, elles s'éclaircissent à la surface, et la boue se précipite au fond; mais la moindre agitation qui survient fait remonter la fange, et ce qui reste d'eau pure ne sert qu'à faire paraître la mixtion plus dégoûtante. Ainsi donc ces tribunaux, soi-disant épurés, amassaient des vices qui n'attendaient qu'un moment de trouble pour reprendre le dessus et jeter le désordre dans la société. »

« De nouveaux changements parurent donc nécessaires et ne tardèrent pas à suivre les premiers; mais au lieu du bien qu'on en attendait, ces mutations trop fréquentes, ces régénérations trop multipliées, ces épurations si bien conçues et si mal exécutées, eurent le double inconvénient d'attiédir le zèle de ceux qui auraient pu s'attacher à leur état. *Les juges s'appliquaient moins à connaître les choses qui devaient les instruire que les hommes qui devaient les protéger*[1]. Véritables Sisyphes, ils roulaient sans cesse le rocher de leur ambition sur le sommet des honneurs et n'exerçaient

---

[1] « Quand on dit d'un homme qu'il a bien des connaissances, de grandes connaissances, cela ne signifie plus, comme dans le Dictionnaire de l'Académie : *il sait beaucoup, il possède beaucoup de choses*, mais il a de grands protecteurs, des amis puissants. » (Supprimé dans l'édition de 1835.)

leurs charges qu avec la mobile inquiétude d'un magistrat. »

Quem ducit hiantem
Cretata ambitio.
Pers. sat. 5.

« *Cela fut vrai surtout depuis que* B*** *eut saisi les
rênes du gouvernement.* »

« Mais sous ce règne, d'autres causes s'opposèrent à
ce que l'ordre judiciaire fût respecté comme il aurait
dû l'être, comme il était à désirer qu'il le fût. »

« *Le gouvernement était militaire, la voix des lois était
étouffée par le cliquetis des armes ; toute la considération
semblait réservée aux soldats :* Togæ cedebant armis. »

M. Dupin parle ensuite du refus persistant du gouvernement impérial de reconnaître l'inamovibilité des
magistrats, à qui il donnait l'institution, puis de la situation faite au ministère public, qui, « au lieu d'être
l'organe du tribunal ou de la cour, semble s'en détacher, et n'être là que comme une vedette placée par
LE CHEF pour observer la justice en ennemie. »

« Voilà, je crois, les principales causes auxquelles
il faut attribuer la déconsidération de l'ordre judiciaire. »

Pour rendre à la magistrature le respect des peuples,
il faut, conclut M. Dupin, l'épurer d'une façon plus
large que les gouvernements précédents ne l'ont fait.
Tout ménagement pour les personnes serait fatal.

« Si l'on fait de la mouture, si l'on veut, comme on
dit, ménager la chèvre et le chou, le mauvais gâtera
le bon ; et au lieu d'avoir des magistrats justement et
universellement considérés, on aura, dès à présent et
pour toujours, des magistrats aussi peu estimables et

aussi peu estimés que ceux dont il est parlé dans notre chapitre II. »

Il faut donc faire de nouveaux choix, et pour les faire bons, il faudra consulter d'abord la capacité des candidats, puis leur naissance, et enfin leur fortune.

« Je suis bien loin cependant d'insinuer qu'on ne doit mettre ni laisser en place que des GENS DONT LA FORTUNE EST FAITE. *Cela pouvait être bon, jusqu'à un certain point, quand tout était* in suo loco, *mais ne vaudrait rien à la suite d'une révolution qui a ruiné beaucoup de familles honnêtes et enrichi force fripons. »*

Il est nécessaire aussi d'apporter de profondes modifications à l'organisation judiciaire.

« Bonaparte a établi les cours impériales et leur a rendu la robe rouge, l'hermine, les mortiers galonnés ; il a rétabli les anciens titres de procureurs généraux, d'avocats généraux ; mais à voir le fond des choses, on pouvait dire avec Tacite : *Eadem magistratuum vocabula, nihil prisci et integri moris superesse* [1]. »

On doit diminuer le nombre des cours d'appel et des tribunaux de première instance.

« Au lieu d'établir sans exception, dans chaque arrondissement, un tribunal essentiellement composé de trois juges, trois suppléants, un procureur du roi, son substitut, un greffier, en tout neuf personnes, dont six sont salariées, qui empêcherait de se contenter, dans les villes où il y aurait peu de population et de commerce, d'établir un simple bailli royal et un procureur du roi, en réservant pour les villes plus importantes les tribunaux de première instance, auxquels

---

[1] Édition de 1824. B*** a fait place à Bonaparte, plus tard M. Dupin dira Napoléon.

on pourrait rendre l'ancienne dénomination de présidiaux, et que l'on composerait de cinq juges au moins, afin de conjurer la trop grande influence que les présidents ne manquent jamais d'exercer dans les tribunaux composés seulement de trois juges[1]. »

Les justices de paix et les tribunaux de commerce sont aussi en trop grand nombre.

La cour de cassation doit être maintenue; mais il faut changer son nom, qui est injurieux pour les cours souveraines dont les décisions lui sont déférées. « On a, avec raison, reproché à cette cour d'être trop fiscale. »

Il faut aussi reviser la législation révolutionnaire.

On doit enfin recommander aux cours d'être moins fiscales, et « aux magistrats d'être courageux en toute occasion. Il est besoin de relever les âmes; elles ont pris, comme les corps, une courbure qui a détruit leur élasticité[2]; il est digne du roi de la leur rendre : il ne veut pas commander à des esclaves, mais à des Français. »

Les cours retrouveraient alors des présidents qui, au besoin, sauraient dire au roi, comme M. de Harlay :

« Sire, devez recevoir de bonne part ce qui vous est démontré en toute humilité, car il nous est commandé de craindre Dieu et honorer notre roi. La crainte de Dieu est la première et que devons préférer à toutes choses. C'est pourquoi, Sire, quand vous nous faites commander quelque chose à laquelle il nous semble, en nos consciences, ne pouvoir acquiescer, Votre Majesté ne le doit prendre en mauvaise part ni juger dés-

---

[1] Le bailli royal et les présidiaux ne reparaissent plus dans l'édition de 1824.

[2] *O homines ad servitutem paratos!* (TACITE.)

obéissance le devoir que nous faisons en nos états, parce que nous estimons que vous ne la voulez, sinon d'autant qu'elle est juste et raisonnable, et qu'ayant entendu qu'elle n'est telle, ne soyez pas offensé de n'avoir pas été obéi[1]. »

« Un tel langage honore également le sujet qui parle et le monarque qui écoute. Voilà la liberté dont jouissaient nos pères, c'est la seule que nous devions nous montrer jaloux de reconquérir[2]. »

« *Bref, N*** ne règne plus, mais toutes ses lois nous restent, et ce sont ces lois qui ont fait le malheur de la nation... Notre bonheur dépend donc de la prompte abolition de celles qui ne nous conviennent plus.* »

M. Dupin invoque, à l'appui de cette dernière proposition, la grande autorité de Montesquieu :

« Il n'y a point de plus cruelle tyrannie que celle que l'on exerce à l'ombre des lois[5]. »

On a souvent reproché à M. Dupin l'impitoyable acharnement avec lequel il a attaqué des gouvernements déchus, ou des adversaires sans défense; la pièce que nous venons d'analyser ne nous permet certainement pas de repousser avec succès cette accusation.

---

[1] *Cérémonial français*, t. II, p. 597.

[2] La Charte constitutionnelle n'avait pas encore initié suffisamment M. Dupin à l'amour de la liberté politique. En 1824 il ne se contentait plus, avec grande raison, de la liberté de nos pères, et il modifiait ainsi ce qu'il avait écrit dix ans plus tôt : « nous devons nous montrer jaloux de la reconquérir. »

[5] Montesquieu, *Grandeur et décadence des Romains*.

Nº 7.

LOIS ET RÈGLEMENTS DE LA PROFESSION D'AVOCAT.

I

Législation ancienne.

ORDONNANCE DU 11 MARS 1344, RELATIVE AUX AVOCATS ET CONSEILLERS
ASSERMENTÉS AU PARLEMENT. (PHILIPPE DE VALOIS.)

Le serment des avocats et conseillers.

1° Le nom des avocats sera inscrit sur une liste sur laquelle on retranchera les incapables, et l'on ne maintiendra que ceux qui sont en état de remplir leurs fonctions.

2° Les avocats de cette cour jureront d'observer les règles suivantes :

De remplir leurs fonctions avec fidélité et soin ;

De ne point se charger sciemment de causes injustes ;

De renvoyer celles dont l'injustice ne leur est pas apparue de prime abord et s'est révélée plus tard à eux ;

De prévenir la cour s'ils s'aperçoivent que l'affaire dont ils se sont chargés intéresse le roi ;

De rédiger, dans les deux ou trois jours qui suivent leur plaidoirie et les contredits de la partie adverse, leurs conclusions, et de les remettre à la cour, à moins que celle-ci, à raison des circonstances, ne leur accorde un plus long délai ;

De ne point proposer l'articulation de faits qu'ils savent n'être point pertinents ;

De s'abstenir d'invoquer et de soutenir des coutumes
qu'ils savent ne pas exister ;

D'expédier le plus tôt possible les affaires dont ils
sont chargés ;

De ne pas avoir recours à des subterfuges pour obtenir des remises ;

De ne pas accepter pour leurs honoraires, quelle que
soit l'importance de la cause, plus de 30 livres parisis ;
il leur est permis de recevoir moins ;

De recevoir dans les affaires les moins importantes
des honoraires en rapport avec la valeur de l'affaire et
la condition des personnes ;

De ne faire aucun traité avec leurs clients sur l'événe-
ment du procès [1] ;

[1] « *Advocati istius curiæ jurabunt articulos qui sequuntur vi-*
« *delicet :*
« *Quod diligenter et fideliter istud officium excercebunt;*
« *Quod causarum injustarum patrocinium scienter non reci-*
« *pient;*
« *Quod si, non ab initio, et post facto tamen, viderint eam esse*
« *injustam, statim eam dimittent;*
« *Quod in causis, quas fovebunt, si viderint tangi regem, ipsi*
« *de hoc curiam avisabunt;*
« *Quod causa placitata, et factis negatis, ipsi de recenti intra*
« *biduum, vel triduum facient et curiæ tradent articulos suos,*
« *nisi ex causa, de licentia curiæ ulterius different;*
« *Quod impertinentes articulos scienter non facient;*
« *Quod consuetudines, quas veras esse non crediderint, non*
« *proponent, nec sustinebunt;*
« *Quod causas, quas suscipient, cito expedient pro posse suo;*
« *Quod in iis dilationes et subterfugia maliciose non quæ-*
« *rent;*
« *Quod pro salario suo, quantumcumque sit magna causa,*
« *ultra triginta libras parisienses, non recipient, nec etiam ali-*
« *quid ultra, in salarii majoris fraudem. Minus tamen recipere*
« *possunt;*
« *Quod pro mediocri minus et pro minori causa multo minus*

Le même serment sera prêté par ceux qui assistent comme avocats conseillants les avocats plaidants.

Ils seront tenus, en outre de leur serment :

De venir et de faire venir leurs parties de bon matin ;

De ne pas interrompre celui qui a la parole ;

De plaider debout et derrière le premier rang des siéges ;

De ne pas occuper les premiers leur siége ;

De ne laisser prendre la parole qu'à un avocat, alors qu'il y en a plusieurs dans le même intérêt ;

De ne pas proposer des faits qui ne sont pas pertinents ;

De ne pas s'éloigner de la cour tant que les magistrats sont dans la chambre[1] ;

3° Il est à savoir que nul avocat ne sera admis à exercer sa profession s'il n'a prêté serment et s'il n'est inscrit au tableau des avocats. La cour défend que nul ne se présente pour plaider sans avoir prêté serment.

Item. Comme la prompte expédition des affaires dé-

« recipient secundum quantitatem causæ et conditiones perso-
« narum ;
 « Item quod non pasciscentur de quota parte litis. »
[1] « Injungatur iis, præter juramentum :
« Quod bene mane veniant, et bene venire faciant partes
« suas ;
 « Quod illum cui data fuerit audientia non impediant ;
 « Quod stando, et retro primum scamnum patrocinentur ;
 « Quod primi scamnum non occupent ;
 « Quod licet sint plures advocati in una causa, unus tantummodo
« loquatur ;
 « Quod facta impertinentia non proponant ;
 « Quod ipsi de curia non recedant, quamdiu magistri in camera
« erunt. »

pend en grande partie du discernement et de l'habileté
des avocats, et qu'il y va de leur honneur et de l'intérêt
des parties ; la cour leur enjoint au même titre que si leur
serment les y obligeait de ne choisir que les faits et les arguments qu'ils prévoient devoir vraisemblablement figu-
rer dans les motifs de l'arrêt, et de mettre de côté les
faits, arguments, répliques ou dupliques inutiles ou sur-
abondants, quoi que ceux à qui ils accordent leur ministère puissent exiger d'eux, quelque importunes que
soient les sollicitations qui leur sont faites, car leur dignité professionnelle et le respect dû à la cour leur
interdisent d'y déférer.

4° La cour enjoint, conformément aux anciennes ordonnances, et sous la foi du serment, aux avocats de
produire dans l'espace de trois jours l'articulation par
écrit des faits dans les causes qu'ils plaident, à moins
que la cour ne consente à leur accorder un plus long
délai, dans lequel ils devront l'expédier le plus promptement qu'ils pourront. Il est dans les intentions de la
cour, en ce qui concerne les enquêtes qui doivent avoir
lieu sur les articulations de fait dans la circonscription
d'un bailliage ou d'une sénéchaussée, de donner aux
parties le moyen de se faire entendre plus tôt que précédemment par les commissaires chargés de l'enquête,
et de mettre à même les parties de fournir plus aisément
et plus promptement l'argent et autres choses nécessaires à l'expédition de leurs causes. Cependant la cour
n'entend pas que, contrairement aux anciennes ordonnances, les commissaires choisis par elle s'éloignent
pour remplir leur mission pendant que le parlement
siége ; ils ne devront partir, pour y procéder avec dili-
gence, que pendant les vacances.

Item. Comme l'expérience et la pratique du style du

10

parlement sont de la plus haute importance pour l'exercice de la profession d'avocat, les avocats qui viennent
d'être admis par la cour doivent se garder d'exercer immédiatement et témérairement cette profession, dans
l'intérêt de leur propre dignité et pour épargner à leurs
parties le préjudice qui pourrait résulter de leur inhabi-
leté. Ils doivent, pendant un temps assez long, suivre et
écouter avec soin les anciens avocats déjà expérimentés,
afin que, formés au style du parlement et à la plaidoirie, ils puissent exercer leur profession d'une manière
utile et honorable.

Les avocats nouveaux doivent avoir de la déférence
pour leurs anciens, tant sur leurs siéges qu'ailleurs. Ils
ne devront pas avoir la présomption de prendre place
au premier banc, où les avocats et procureurs du roi, les
baillis, les sénéchaux et les autres dignitaires et seigneurs ont coutume de s'asseoir.

« Il est aisé de reconnaître dans ce règlement, dit Four-
« nel, le modèle exact de la discipline qui s'observait dans
« l'ordre des avocats à l'époque de la Révolution et qui
« avait traversé cinq siècles. Présentation des licenciés au
« serment d'avocat, prestation de serment, arrêt de récep-
« tion ou immatricule, stage de quelques années, inscrip-
« tion sur le tableau, radiation autorisée par les anciens,
« tout s'y trouvait exactement calqué sur la discipline du
« quatorzième siècle. »

La Roche-Flavin, dans ses *Treize livres des parlements
de France*, donne le résumé des dispositions principales

des ordonnances qui, jusqu'au commencement du dix-
septième siècle, développèrent les principes de l'ordonnance de 1344.

« I. Advocats de la Cour seront gradués *in altero ju-*
« *rium;* et seront receux en icelle et y presteront le
« serment. François I. Ord. 1535, chap. 4, art. 1.

« II. Ne pourront requérir les causes être rappe-
« lées, si autres causes ne sont parachevées. François I.
« Ord. 1539, art. 21.

« III. Se trouveront au commencement de la Plaidoi-
« rie ; autrement, sont tenus de dommages et intérêts.
« François I. Ord. 1535, chap. 4, art. 15.

« IV. Plaideront et escriront brièvement. Jean I. Ord.
« 1363. — Charles V. Ord. 1364. — Charles VII. Ord.
« 1446, art. 25. — Charles VIII. Ord. 1493, art. 26.
« — Louis XII. Ord. 1507, art. 121. — François I.
« Ord. 1528, art. 10.

« V. Liront véritablement et sans obmissions, inter-
« ruption ou déguisement. François I. Ord. 1539,
« art. 22 et 188.

« VI. Ne partiront de l'audience sans licence de la
« Cour. François I. Ord. 1535, chap. 4, art. 16.

« VII. Ne procéderont par paroles injurieuses contre
« les parties adverses ou autres. Philippe VI. Ord. 1344.
« — Charles VII. Ord. 1453, art. 54. — Louis XII.
« Ord. 1507, art. 122.

« VIII. Ne pourront partir de la ville, sinon en re-
« mettant les mémoires prêts ès mains du procureur,
« et laissant substitud. François I. Ord. 1535, chap. 4,
« art. 17.

« IX. N'entreront en sièges, sinon en habits décens,
« large robe, bonnet rond. François I. Ord. 1540,
« art. 30.

« X. Seront briefs en leurs contredicts et salvations,
« sans réitérer les raisons contraires et principalles es-
« criptures. Charles VII. Ord. 1446, art. 57. — Ord.
« 1453, art. 55.—François I. Ord. 1535, chap. 4, art. 6.

« XI. Bailleront leurs faicts sans aucune raison de
« droit, quand les parties sont appointées en faicts con-
« traires. Charles VII. Ord. 1453, art. 51.—François I.
« Ord. 1535, chap. 4, art. 11. Signeront leurs escrip-
« tures. François I. Ord. 1519, art. 9. — Ord. 1535,
« chap. 5, art. 25. — Henry III. Ord. 1579, art. 161.

« XII. Estant appellés au Conseil, feront serment,
« qu'ils n'ont patrociné ne consulté pour les parties.
« François I. Ord. 1545, chap. 12, art. 16. — Ord.
« 1540, art. 17.

« XIII. Ne seront pour les deux parties. François I.
« Ord. 1535, chap. 1, art. 57.

« XIV. Seront donnés aux pauvres misérables per-
« sonnes. François I. Ord. 1536, chap. 1, art. 59.

« XV. Advocats et procureurs ne proposent faicts
« superflus impertinants. Charles VII. Ord. 1453,
« art. 62. — Louis XII. Ord. 1507, art. 128. — Fran-
« çois I. Ord. 1535, chap. 4, art. 8. — Henry III. Ord.
« 1579, art. 125.

« XVI. Ne doivent user de contentions et exclama-
« tions les uns envers les autres, n'y parler plusieurs
« ensemble et s'interrompre. François I. Ord. 1539,
« art. 40.

« XVII. Ne doivent soutenir une mauvaise cause.
« Charles IX. Ord. 1560, art. 58. »

L'ordre des avocats, on le voit par l'ordonnance
de 1344, était divisé en trois classes :

Les avocats consultants (consiliarii) ;

Les avocats plaidants (proponentes) ;

Les stagiaires (*novi, audientes*).

L'ordre avait, pour délibérer sur ses affaires, trois sortes d'assemblées :

Les assemblées générales, dans lesquelles se décidaient les affaires de l'ordre;

Les assemblées des colonnes ou sections de l'ordre;

La députation, réunion restreinte composée de deux délégués choisis par chaque colonne, et présidée par le chef de l'ordre.

Le chef de l'ordre avait été d'abord le doyen. Au commencement du dix-septième siècle, le soin des affaires de l'ordre fut confié à un avocat élu dans l'assemblée générale, et qui prit le titre de *bâtonnier*, parce que, dans les processions, il marchait à la tête de la *Communauté des avocats et procureurs*, placée sous l'invocation de saint Nicolas, et qu'il portait le bâton auquel la bannière du saint était suspendue.

L'ordre des avocats fut divisé en dix colonnes.

Le bâtonnier était élu tous les ans; les députés des colonnes étaient nommés pour deux ans, mais chaque année le renouvellement de la moitié de la députation avait lieu.

Le bâtonnier et les députés étaient indéfiniment rééligibles.

Les députés assistaient le bâtonnier dans la rédaction du tableau et prononçaient sur les inscriptions et les radiations. Ses décisions pouvaient être soumises par les parties intéressées à l'Assemblée générale de l'ordre, qui était maître de son tableau.

Le regrettable M. Bethmont donnait, dans son discours d'ouverture des conférences en 1855, les explications suivantes sur les colonnes de l'ancien tableau des avocats :

« Leur origine remonte bien haut. Ce palais de nos rois en porte les traces dans ses plus anciennes images. Vous trouverez dans le recueil d'Uxelles une vue très-intéressante de la salle des Pas-Perdus, incendiée en 1618. Les statues des rois de France, depuis Pharamond, étaient adossées dans des niches le long des murs. Il y avait plusieurs cheminées et une chapelle. Nos bancs, où s'asseyaient par ordre les avocats inscrits au tableau, étaient placés aussi le long des murs, au-dessous des statues.

« Après avoir été reconstruite par l'architecte Jacques Debrosse, la salle fut incendiée encore en 1676, mais les bancs autour des piliers ne furent rétablis qu'en 1710, suivant ce qu'on peut conclure de l'avertissement publié par Boucher d'Argis en tête de sa collection des tableaux de l'ordre.

« Merlin aussi nous apprend que la grand'salle était partagée en douze bancs, où les avocats qui fréquentaient le palais se tenaient pour conférer avec leurs clients.

« La collection de Boucher d'Argis nous rappelle les dénominations assez bizarres que ces bancs avaient reçues : le premier banc se nommait le *Pilier des consultations*, et puis il y avait le *Banc de la Prudence*, celui de la *Bonne-Foi*, du *Saint-Esprit*, de l'*Épée herminée*, etc.

« Ces bancs ont disparu ; le temple a été refait, et nos bancs, dans les âges nouveaux, se sont changés en colonnes. Le tableau a reçu cette division qui comprenait autrefois l'ordre tout entier[1]. »

---

[1] M. Liouville, dont la perte est venue frapper le barreau de Paris, déjà si cruellement éprouvé par celle de M. Bethmont, a publié pendant son bâtonnat des documents fort intéressants sur la législation qui régit la profession d'avocat.

II

Législation actuelle de la profession d'avocat.

I

LOI DU 22 VENTOSE AN XII (15 MARS 1804.)

TITRE IV.

Art. 24. A dater du 1er vendémiaire an XVII, nul ne pourra exercer les fonctions d'avocat près les tribu-naux et d'avoué près le tribunal de cassation, sans avoir représenté au commissaire du gouvernement, et fait enregistrer, sur ses conclusions, son diplôme de licen cié, ou des lettres de licence obtenues dans les univer sités, comme il est dit en l'article précédent.

TITRE V.
Du tableau des avocats près les tribunaux.

Art. 29. Il sera formé un tableau des avocats exerçant près les tribunaux.

Art. 50. A compter du 1er vendémiaire an XVII, les avocats selon l'ordre du tableau, et après eux les avoués selon la date de leur réception, seront appelés, en l'ab-sence des suppléants, à suppléer les juges, les com-missaires du gouvernement et leurs substituts.

Art. 51. Les avocats et avoués seront tenus, à la publi-cation de la présente loi, et à l'avenir avant d'entrer en fonctions, de prêter serment *de ne rien dire ou publier, comme défenseurs ou conseils, de contraire aux lois, aux règlements, aux bonnes mœurs, à la sûreté de l'État et à la paix publique, et de ne jamais s'écarter du respect dû aux tribunaux et aux autorités publiques.*

TITRE VII.
Dispositions générales.

Art. 58. Il sera pourvu par des règlements d'administration publique à l'exécution de la présente loi et notamment à ce qui concerne:

7° La formation du tableau des avocats et la discipline du barreau.

II

RAPPORT AU ROI PAR M. DE PEYRONNET, GARDE DES SCEAUX, SUR L'ORDONNANCE DU 20 NOVEMBRE 1822.

« Sire, la profession d'avocat est si noble et si élevée, elle impose à ceux qui souhaitent de l'exercer avec distinction tant de sacrifices et tant de travaux ; elle est si utile à l'État par les lumières qu'elle répand dans les discussions qui préparent les arrêts de la justice, que je craindrais de manquer à l'un de mes devoirs les plus importants, si je négligeais d'attirer sur elle les regards bienveillants de Votre Majesté.

« Cette profession a des prérogatives dont les esprits timides s'étonnent, mais dont l'expérience a depuis longtemps fait sentir la nécessité. L'indépendance du barreau est chère à la justice autant qu'à lui-même. Sans le privilége qu'ont les avocats de discuter avec liberté les décisions mêmes que la justice prononce, ses erreurs se perpétueraient, se multiplieraient, ne seraient jamais réparées, ou plutôt, un vain simulacre de justice prendrait la place de cette autorité bienfaisante, qui n'a d'autre appui que la raison et la vérité. Sans le droit

précieux d'accorder ou de refuser leur ministère, les
avocats cesseraient bientôt d'inspirer la confiance, et
peut-être de la mériter. Ils exerceraient sans honneur
une profession dégradée. La justice, toujours condam-
née à douter de leur bonne foi, ne saurait jamais s'ils
croient eux-mêmes à leurs récits ou à leurs doctrines,
et serait privée de la garantie que lui offrent leur expérience et leur probité. Enfin, sans une organisation
intérieure qui l'affranchisse du joug inutile d'une surveillance directe et immédiate, cet ordre ne pourrait
plus espérer de recevoir dans ses rangs les hommes
supérieurs qui font sa gloire; et la justice, sur qui re-
jaillit l'éclat de leurs vertus et de leurs talents, perdrait à son tour ses plus sûrs appuis et ses meilleurs
guides.

« Il y aurait peu de sagesse à craindre les dangers de
ces privilèges. On a vu sans doute des avocats, oubliant
la dignité de leur ministère, attaquer les lois, en affec-
tant de les expliquer, et calomnier la justice, sous prétexte d'en dévoiler les méprises. On en a vu qu'un sentiment exagéré de l'indépendance de leur état accou-
tumait par degrés à n'en respecter ni les devoirs ni les
bienséances. Mais que prouveraient ces exemples qu'on
est contraint de chercher dans les derniers rangs du
barreau, et faudrait-il, pour un petit nombre d'abus,
abandonner ou corrompre une institution nécessaire?

« Votre Majesté, qui cherche avec tant de soin les occasions d'honorer le savoir et les talents de l'esprit, ne
partagera point les préventions que cette institution a
quelquefois inspirées, et jugera bien plutôt qu'il convient
de la consacrer et de l'affermir.

« Dans un temps déjà éloigné et auquel l'époque actuelle ressemble si peu, on entreprit de constituer l'or-

drc des avocats et de le soumettre à une organisation régulière. C'était le moment où les diverses classes de la société, fatiguées de la confusion dans laquelle la Révolution les avait plongées, éprouvaient je ne sais quel besoin de subordination et de discipline, qui les rendait en général plus dociles aux devoirs qu'on se hâtait de leur imposer. Un long oubli des formes protectrices de l'ordre et de la décence semblait exiger alors une sévérité plus constante et plus rigoureuse, afin de plier sous des habitudes nouvelles ce reste d'esprits inquiets que le spectacle de nos malheurs n'avait pas encore désabusés, et pour qui la règle la plus salutaire n'était que gêne et servitude. Le gouvernement, d'ailleurs, préoccupé des obstacles qui l'environnaient, était contraint, par l'illégitimité même de son origine, d'étendre perpétuellement ses forces et son influence. L'instinct de sa conservation l'entraînait à n'accorder aux hommes unis par des intérêts communs et par des travaux analogues que des privilèges combinés avec assez d'artifice pour lui donner à lui-même plus de ressort et d'activité.

« Telles sont les causes auxquelles on doit attribuer le fâcheux mélange de dispositions utiles et de précautions excessives dont se compose le décret du 14 décembre 1810. Ce fut ainsi que la formation du premier tableau fut attribuée aux chefs des tribunaux et des cours, et que la volonté des procureurs généraux fut substituée, pour la composition du conseil de l'ordre, à cette désignation si respectable et si naturelle qui, sous l'empire des vieux usages, résultait de l'ancienneté. Ce fut ainsi que les conseils de discipline furent dépouillés du droit d'élire leur chef, et qu'enfin, indépendamment de la juridiction de ces conseils et des cours de justice, une juridiction supérieure, directe et illimitée, fut réservée au ministre, comme pour se ménager une garantie contre la faiblesse des juges de l'ordre et des magistrats.

« Les avocats, dont ces mesures inusitées blessaient la fierté et offensaient tous les souvenirs, se plaignirent dès le jour même de la publication du décret, et n'ont cessé depuis cette époque de renouveler leur réclamation. Retenu longtemps dans la position la plus favorable pour bien juger de la légitimité de ces reproches, ce désir de corriger des règlements si défectueux fut l'un des premiers sentiments que j'éprouvai lorsque Votre Majesté eut daigné arrêter ses regards sur moi et m'imposer le soin difficile de cette haute administration qu'elle a confiée à mon zèle. Des travaux dont Votre Majesté connaît l'importance m'ont forcé pendant plusieurs mois de détourner mon attention de cet utile projet. Mais aussitôt que le cours des affaires me l'a permis, je me suis livré avec empressement, et même avec joie, aux recherches et aux discussions préliminaires qu'exigeait une entreprise aussi délicate.

« Non content des observations que j'avais faites moi-même, j'ai soigneusement comparé toutes celles qu'ont bien voulu me fournir les hommes habiles auxquels de longues études ont rendu notre législation familière. J'ai rassemblé près de moi des magistrats blanchis dans les exercices du barreau, et pour qui les fonctions publiques n'ont été que la récompense des longs succès qu'ils avaient obtenus dans cette carrière. J'ai interrogé des jurisconsultes pleins de savoir et d'expérience, en qui vivent encore toutes les traditions qui leur ont été transmises dans leur jeunesse, et qui sacrifieraient bien plutôt leur propre intérêt et leur propre gloire que ceux de l'ordre au milieu duquel leur honorable vie

s'est écoulée. J'ai recueilli leurs vœux, et j'ai médité
leurs conseils. Aussi (je n'hésite pas à le déclarer, Sire),
ce règlement nouveau que je vous apporte est leur ouvrage plutôt que le mien. Ce sont eux qui m'ont indiqué
la plupart des modifications que je soumets à l'approbation de Votre Majesté. C'est à eux surtout que je dois
l'utile pensée de remplacer par les formes employées
dans l'ancien barreau de Paris le mode d'élection établi
par le décret du 14 décembre 1810. En un mot, je puis
me rendre à moi-même ce témoignage, qu'ils ne m'ont
rien proposé de favorable à l'honneur et à l'indépendance du barreau, que je ne me sois empressé de l'accueillir; certain, comme je l'étais, que Votre Majesté
aimerait à accorder à un ordre composé d'hommes utiles,
éloquents et laborieux, ces hautes marques d'intérêt et
de confiance »

ORDONNANCE DU ROI CONTENANT RÈGLEMENT SUR L'EXERCICE DE LA PROFESSION D'AVOCAT ET LA DISCIPLINE DU BARREAU.

Louis, etc.

Ayant résolu de prendre en considération les réclamations qui ont été formées par les divers barreaux du
royaume contre les dispositions du décret du 14 décembre 1810, et voulant rendre aux avocats exerçant dans
nos tribunaux la plénitude du droit de discipline qui,
sous les rois nos prédécesseurs, élevait au plus haut degré l'honneur de cette profession et perpétuait dans son
sein l'invariable tradition de ses prérogatives et de ses
devoirs;

Voulant, d'ailleurs, attacher à la juridiction que l'ordre doit exercer sur chacun de ses membres une autorité et une confiance fondées sur les déférences et sur

le respect que l'expérience des anciens avocats leur donne le droit d'exiger de ceux qui sont entrés plus tard dans cette carrière ;

Sur le rapport de notre garde des sceaux, ministre secrétaire d'État au département de la justice,

Nous avons ordonné et ordonnons ce qui suit :

TITRE PREMIER.
Du Tableau.

ART. 1er. Les avocats inscrits sur le tableau dressé en vertu de l'article 29 de la loi du 13 mars 1804 (22 ventôse an XII) seront répartis en colonnes ou sections.

2. Il sera formé sept colonnes, si le tableau comprend cent avocats ou un plus grand nombre ; quatre, s'il en comprend moins de cinquante et plus de trente-cinq ; et deux seulement, s'il en comprend moins de trente-cinq et plus de vingt.

3. La répartition prescrite par les articles précédents sera faite par les anciens bâtonniers et le conseil de discipline actuellement en exercice, réunis sur la convocation de nos procureurs généraux, pour les avocats exerçant près les cours royales, et de nos procureurs près les tribunaux de première instance pour les avocats exerçant dans ces tribunaux.

4. Cette répartition pourra être renouvelée tous les trois ans, s'il est ainsi ordonné par nos cours royales, sur la réquisition de nos procureurs généraux et sur la demande du conseil de discipline.

5. Nul ne pourra être inscrit sur le tableau des avocats d'une cour ou d'un tribunal, s'il n'exerce réellement près de ce tribunal ou de cette cour.

6. Le tableau sera réimprimé au commencement de chaque année judiciaire, et déposé au greffe de la cour

ou du tribunal auquel les avocats inscrits seront attachés.

TITRE II
Du Conseil de discipline.

7. Le conseil de discipline sera composé : premièrc-
ment, des avocats qui auront déjà exercé les fonctions
de bâtonnier ; secondement, des deux plus anciens de
chaque colonne, suivant l'ordre du tableau ; troisième-
ment, d'un secrétaire choisi indistinctement parmi ceux
qui seront âgés de trente ans accomplis, et qui auront
au moins dix ans d'exercice.

8. Le bâtonnier et le secrétaire seront nommés par
le conseil de discipline, à la majorité absolue des suffrages.

Ces nominations seront renouvelées au commencement de chaque année judiciaire, sur la convocation de
nos procureurs près nos cours et nos tribunaux.

9. Le bâtonnier est chef de l'ordre et préside le conseil de discipline.

10. Lorsque le nombre des avocats portés sur le tableau n'atteindra pas celui de vingt, les fonctions des
conseils de discipline seront remplies, savoir : s'il s'agit
d'avocats exerçant près d'une cour royale, par le tribunal de première instance de la ville où siége la cour ;
dans les autres cas, par le tribunal auquel seront attachés les avocats inscrits au tableau.

11. Les tribunaux qui seront chargés, aux termes de
l'article précédent, des attributions du conseil de discipline nommeront annuellement, le jour de la rentrée,
un bâtonnier, qui sera choisi parmi les avocats compris
dans les deux premiers tiers du tableau, suivant l'ordre
de leur inscription.

12. Les attributions du conseil de discipline consis-

tent : 1° à prononcer sur les difficultés relatives à l'inscription dans le tableau de l'ordre ; 2° à exercer la surveillance que l'honneur et les intérêts de cet ordre rendent nécessaire ; 3° à appliquer, lorsqu'il y a lieu, les mesures de discipline autorisées par les règlements.

13. Le conseil de discipline statue sur l'admission au stage des licenciés en droit qui ont prêté le serment d'avocat dans nos cours royales ; sur l'inscription au tableau des avocats stagiaires après l'expiration de leur stage, et sur le rang de ceux qui, ayant déjà été inscrits au tableau et ayant abandonné l'exercice de leur profession, se présenteraient de nouveau pour la reprendre.

14. Les conseils de discipline sont chargés de maintenir les sentiments de fidélité à la monarchie et aux institutions constitutionnelles, et les principes de modération, de désintéressement et de probité sur lesquels repose l'honneur de l'ordre des avocats.

Ils surveillent les mœurs et la conduite des avocats stagiaires.

15. Les conseils de discipline répriment d'office, ou sur les plaintes qui leur sont adressées, les infractions et les fautes commises par les avocats inscrits au tableau.

16. Il n'est point dérogé par les dispositions qui précèdent au droit qu'ont les tribunaux de réprimer les fautes commises à leur audience par les avocats.

17. L'exercice du droit de discipline ne met point obstacle aux poursuites que le ministère public ou les parties civiles se croiraient fondés à intenter dans les tribunaux, pour la répression des actes qui constitueraient des délits ou des crimes :

18. Les peines de discipline sont :

L'avertissement,

La réprimande,

L'interdiction temporaire,

La radiation du tableau.

L'interdiction temporaire ne peut excéder le terme d'une année.

19. Aucune peine de discipline ne peut être prononcée sans que l'avocat inculpé ait été entendu ou appelé avec délai de huitaine.

20. Dans les siéges où les fonctions du conseil de discipline seront exercées par le tribunal, aucune peine de discipline ne pourra être prononcée qu'après avoir pris l'avis écrit du bâtonnier.

21. Toute décision du conseil de discipline emportant interdiction temporaire ou radiation sera transmise dans les trois jours au procureur général, qui en assurera et en surveillera l'exécution.

22. Le procureur général pourra, quand il le jugera nécessaire, requérir qu'il lui soit délivré une expédition des décisions emportant avertissement ou réprimande.

23. Pourra également le procureur général demander expédition de toute décision par laquelle le conseil de discipline aurait prononcé l'absolution de l'avocat inculpé.

24. Dans les cas d'interdiction à temps ou de radiation, l'avocat condamné pourra interjeter appel devant la cour du ressort.

25. Le droit d'appeler des décisions rendues par les conseils de discipline, dans les cas prévus par l'article 15, appartient également à nos procureurs généraux.

26. L'appel, soit du procureur général, soit de l'avocat condamné, ne sera recevable qu'autant qu'il aura été formé dans les dix jours de la communication qui leur aura été donnée par le bâtonnier, de la décision du conseil de discipline.

27. Les cours statueront sur l'appel en assemblée générale et dans la chambre du conseil, ainsi qu'il est prescrit par l'article 52 de la loi du 20 avril 1810, pour les mesures de discipline qui sont prises à l'égard des membres des cours et des tribunaux.

28. Lorsque l'appel aura été interjeté par l'avocat condamné, les cours pourront, quand il y a lieu, prononcer une peine plus forte, quoique le procureur général n'ait pas lui-même appelé.

29. L'avocat qui aura encouru la peine de la réprimande ou de l'interdiction sera inscrit au dernier rang de la colonne dont il fera partie.

TITRE III
Du Stage.

30. La durée du stage sera de trois années.

31. Le stage pourra être fait en diverses cours sans qu'il doive néanmoins être interrompu pendant plus de trois mois.

32. Les conseils de discipline pourront, selon les cas, prolonger la durée du stage.

33. Les avocats stagiaires ne feront point partie du tableau. Ils seront, néanmoins, répartis et inscrits à la suite de chacune des colonnes, selon la date de leur admission.

34. Les avocats stagiaires ne pourront plaider ou écrire dans aucune cause qu'après avoir obtenu, de deux membres du conseil de discipline appartenant à leur colonne, un certificat constatant leur assiduité aux audiences pendant deux années. Ce certificat sera visé par le conseil de discipline.

35. Dans les sièges où le nombre des avocats inscrits au tableau sera inférieur à celui de vingt, le certificat

d'assiduité sera délivré par le président et par notre procureur.

56. Sont dispensés de l'obligation imposée par l'article 54 ceux des avocats stagiaires qui auront atteint leur vingt-deuxième année.

57. Les avoués licenciés en droit qui, après avoir donné leur démission, se présenteront pour être admis dans l'ordre des avocats, seront soumis au stage.

TITRE IV
Dispositions générales.

58. Les licenciés en droit seront reçus avocats par nos cours royales. Ils prêtent serment en ces termes :

« Je jure d'*être fidèle au roi et d'obéir à la Charte*
« *constitutionnelle*, de ne rien dire ou publier, comme
« défenseur ou conseil, de contraire aux lois, aux règle-
« ments, aux bonnes mœurs, à la sûreté de l'État et à la
« paix publique, et de ne jamais m'écarter du respect
« dû aux tribunaux et aux autorités publiques[1]. »

59. Les avocats inscrits aux tableaux de nos cours royales pourront seuls plaider devant elles.

Ils ne pourront plaider hors du ressort de la cour près de laquelle ils exercent qu'après avoir obtenu, sur l'avis du conseil de discipline, l'agrément du premier président de cette cour, et l'autorisation de notre garde des sceaux, ministre secrétaire d'État au département de la justice.

40. Les avocats attachés à un tribunal de première instance ne pourront plaider que dans la cour d'assises et dans les autres tribunaux du même département.

41. L'avocat nommé d'office pour la défense d'un ac-

---

[1] La partie politique de ce serment a été abolie en 1848; il faudrait une loi pour la rétablir, un décret serait insuffisant.

cusé ne pourra refuser son ministère sans faire approuver ses motifs d'excuse ou d'empêchement par les cours d'assises, qui prononceront, en cas de résistance, l'une des peines déterminées par l'article 18 ci-dessus.

42. La profession d'avocat est incompatible avec toutes les fonctions de l'ordre judiciaire, à l'exception de celle de suppléant ; avec les fonctions de préfet, de sous-préfet et de secrétaire général de préfecture ; avec celles de greffier, de notaire et d'avoué ; avec les emplois à gages et ceux d'agent comptable ; avec toute espèce de négoce. En sont exclues toutes personnes exerçant la profession d'agent d'affaires.

43. Toute attaque qu'un avocat se permettrait de diriger, dans ses plaidoiries ou dans ses écrits, contre la religion, les principes de la monarchie, la charte, les lois du royaume ou les autorités établies, sera réprimée immédiatement, sur les conclusions du ministère public, par le tribunal saisi de l'affaire, lequel prononcera l'une des peines prescrites par l'article 18, sans préjudice des poursuites extraordinaires, s'il y a lieu.

44. Enjoignons à nos cours de se conformer exactement à l'article 9 de la loi du 20 avril 1810, et, en conséquence, de faire connaître, chaque année, à notre garde des sceaux, ministre de la justice, *ceux des avocats qui se seront fait remarquer par leurs lumières, leurs talents, et surtout par la délicatesse et le désintéressement qui doivent caractériser cette profession.*

45. Le décret du 14 décembre 1810 est abrogé. Les usages observés dans le barreau, relativement aux droits et aux devoirs des avocats dans l'exercice de leur profession, sont maintenus.

TITRE V
Dispositions transitoires.

46. Les conseils de discipline dont la nomination aura été faite antérieurement à la publication de la présente ordonnance, selon les formules établies par le décret du 14 décembre 1810, seront maintenus jusqu'à l'époque fixée par ce décret pour le renouvellement.

47. Les conseils de discipline mentionnés en l'article précédent se conformeront, dans l'exercice de leurs attributions, aux dispositions de la présente ordonnance.

48. Notre garde des sceaux, ministre secrétaire d'État au département de la justice, est chargé de l'exécution de la présente ordonnance.

III

ORDONNANCE DU ROI CONTENANT DES DISPOSITIONS
SUR L'EXERCICE DE LA PROFESSION D'AVOCAT.

(27 août 1830.)

Louis-Philippe, etc.,

Sur le rapport de notre garde des sceaux, ministre secrétaire d'État au département de la justice ;

Vu la loi du 22 ventôse an XII, le décret du 14 décembre 1810, et l'ordonnance du 20 novembre 1822 ;

Considérant que de justes et nombreuses réclamations se sont élevées depuis longtemps contre les dispositions réglementaires qui régissent l'exercice de la profession d'avocat ;

Qu'une organisation définitive exige nécessairement quelques délais ;

Que néanmoins il importe de faire cesser dès ce moment, par des dispositions provisoires, les abus les plus graves et les plus universellement sentis ;

Prenant en considération, à cet égard, les vœux exprimés par un grand nombre de barreaux de France,

Avons ordonné et ordonnons ce qui suit :

ART. 1er. A compter de la publication de la présente ordonnance, les conseils de discipline seront élus directement par l'assemblée de l'ordre, composée de tous les avocats inscrits au tableau. L'élection aura lieu par scrutin de liste et à la majorité relative des membres présents.

2. Les conseils de discipline seront provisoirement composés de cinq membres dans les siéges où le nombre des avocats inscrits sera inférieur à trente, y compris ceux où les fonctions desdits conseils ont été jusqu'à ce jour exercées par les tribunaux ; de sept, si le nombre des avocats inscrits est de trente à cinquante ; de neuf, si ce nombre est de cinquante à cent ; de quinze, s'il est de cent et au-dessus ; de vingt et un à Paris.

3. Le bâtonnier de l'ordre sera élu par la même assemblée et par scrutin séparé, à la majorité absolue, avant l'élection du conseil de discipline.

4. A compter de la même époque, tout avocat inscrit au tableau pourra plaider devant toutes les cours royales et tous les tribunaux du royaume, sans avoir besoin d'aucune autorisation, sauf les dispositions de l'article 295 du Code d'instruction criminelle.

5. Il sera procédé, dans le plus court délai possible, à la révision définitive des lois et règlements concernant l'exercice de la profession d'avocat.

6. Notre garde des sceaux, ministre secrétaire d'État au département de la justice, est chargé de l'exécution de la présente ordonnance.

DÉCRET RELATIF AUX ÉLECTIONS DU BARREAU

(22 mars 1852.)

Louis-Napoléon, président de la République française, sur le rapport du garde des sceaux, ministre secrétaire d'État au département de la justice ;

Considérant que les formes tracées par l'ordonnance du 27 août 1830 pour les diverses élections du barreau ont donné lieu à de justes réclamations et n'offrent point une suffisante garantie de la sincérité des choix,

Décrète :

Art. 1er. Les conseils de discipline des avocats exerçant près les cours et tribunaux continueront d'être élus directement par l'assemblée générale des avocats inscrits au tableau. L'élection se fera au scrutin de liste, mais à la majorité des membres présents.

Art 2. Le bâtonnier de l'ordre sera élu par le conseil de discipline, à la majorité absolue des suffrages; il ne pourra être choisi que parmi les membres du conseil.

Art. 3. A l'avenir, l'avocat auquel sera appliquée l'une des peines disciplinaires énoncées dans l'article 18 de l'ordonnance du 20 novembre 1822 pourra, suivant les circonstances et par la même décision, être privé du droit de faire partie du conseil de discipline pendant un espace de temps qui n'excédera pas dix ans.

Art. 4. Ne pourront être élus membres du conseil de discipline à Paris les avocats qui n'auront point été inscrits au tableau pendant dix ans ; et, dans les autres villes chefs-lieux de cour d'appel, ceux qui n'auront point été inscrits au tableau pendant cinq ans.

Art. 5. Les secrétaires de la conférence des avocats à

Paris seront désignés par le conseil de l'ordre, sur la présentation du bâtonnier. Les avocats stagiaires frappés de peines disciplinaires sont exclus du concours.

Art. 6. Sont maintenues les dispositions des ordonnances du 20 novembre 1822 et du 27 août 1830, qui ne sont pas contraires au présent décret.

Art. 7. Le garde des sceaux, ministre secrétaire d'État au département de la justice, est chargé de l'exécution du présent décret.

FIN

TABLE DES MATIÈRES

APPENDICE

FIN DE LA TABLE DES MATIÈRES.

MÊME LIBRAIRIE

HISTOIRE DE LA RESTAURATION

PAR

M. ALFRED NETTEMENT

L'*Histoire de la Restauration*, par M. Nettement, a un triple caractère : elle est complète, impartiale, et elle est destinée à jeter des lumières nouvelles, à l'aide de documents nouveaux, sur plusieurs points importants de l'histoire contemporaine. Ainsi nous signalerons dans les deux volumes que nous publions trois points importants sur lesquels l'auteur a jeté de vives clartés : la manière dont la Restauration fut faite, les origines de la Charte et les circonstances au milieu desquelles elle fut rédigée; les négociations secrètes au sujet de Naples, qui, l'auteur le démontre à l'aide de pièces inédites et authentiques, ne furent pas conduites à Vienne par M. de Talleyrand, mais à Paris par M. de Blacas avec un envoyé accrédité par M. de Metternich; enfin, toute la période du séjour du roi à Gand, épisode mal connu et pour la première fois exposé avec une abondance de documents originaux qui ne laissent pas de place au doute.

L'*Histoire de la Restauration* de M. A. NETTEMENT aura 6 ou 7 volumes.

EN VENTE : TOMES I ET II

RESTAURATION DE 1814 — CENT-JOURS

2 beaux vol. in-8, de plus de 1300 pages. — Prix : 14 fr.

SOUS PRESSE

RÈGNE DE LOUIS XVIII — RÈGNE DE CHARLES X

Nous ne mettrons en vente que des parties complètes, elles se vendront séparément

---

LES MOINES D'OCCIDENT

DEPUIS SAINT BENOIT JUSQU'A SAINT BERNARD

PAR LE

COMTE DE MONTALEMBERT

L'UN DES QUARANTE DE L'ACADÉMIE FRANÇAISE

EN VENTE : TOMES I ET II

2 beaux volumes in-8, sur papier fort et glacé. — Prix : 15 fr.

Les *Moines d'Occident* auront 6 volumes environ, format in-8; magnifique édition sur papier glacé avec notes marginales. — L'ouvrage paraîtra par livraisons de 2 volumes chacune. L'*Histoire de saint Bernard* en sera le complément. — Jusqu'à l'achèvement de la publication, on pourra se procurer chaque partie séparément, sans être obligé de souscrire à l'ensemble de l'ouvrage.

ROME DEVANT L'EUROPE

PAR

M. PAUL SAUZET

Ancien président de la Chambre des Députés

TROISIÈME ÉDITION REVUE

ET AUGMENTÉE D'UN CHAPITRE FINAL SUR L'ÉTAT DE ROME ET DE L'EUROPE

1 beau volume in-18 jésus. — Prix : 3 francs.

PARIS. — IMP. SIMON RAÇON ET COMP., RUE D'ERFURTH, 1.